PROPHETIES
DE NOSTRADAMVS.

Y *Cartes faites*

Nostradamus méditant sur l'avenir.

PROPHETIES
DE MICHEL NOSTRADAMVS,

Dont il y en a trois cens qui n'ont iamais esté imprimees;

Trouuees en vne Bibliotecque laissee par l'Autheur.

NOUVELLE EDITION,

D'après un Exemplaire trouvé dans la Bibliothèque du célebre PASCAL.

AVEC LA VIE DE L'AUTEUR.

A PARIS,
CHEZ LES MARCHANDS DE NOUVEAUTÉS.

VIE
DE NOSTRADAMVS.

MICHEL DE NOSTREDAME, le plus renommé et fameux qu'ait esté de longs siecles en la prediction qui se tire de la connoissance et jugement des Astres, nasquit en la ville de S. Remy en Provence, l'an de grace 1503, un Ieudy 14 decembre, environ les 12 heures de midy. Son pere fut Iacques de Nostredame, notaire du lieu : sa mere Renée de S. Remy, dont les ayeulx paternels et maternels furent personnages bien versez aux sciences de Mathematique et Medecine : comme Medecins qu'ils estoient, l'un de René de Hierusalem et de Sicile, Comte de Provence, et l'autre de Iean, Duc de Calabre, fils dudit Roy René. Qu'est pour clorre la bouche à d'aucuns envieux, quelques grands Dictateurs qu'ils soient aux sciences, qui ont medit de son origine, mal informez de la verité. Dont vient que nostre Autheur en ses Commentaires dit avoir receu comme de main

Partie I.

en main la connoissance des Mathematiques de ses antiques progeniteurs. Et en la preface sur ces centuries, que la parole hereditaire de l'occulte prediction sera dans son estomac intercluse.

Apres le trespas de son bisayeul maternel, qui luy avoit donné comme en jouant un premier goust des celestes sciences (ainsi qu'avons escrit ailleurs amplement) il fut envoyé en Avignon pour apprendre les lettres humaines. De là il vaqua fort heureusement à la Philosophie, et Theorie de Medecine dans l'Vniversité de Montpellier, jusques à ce qu'à l'occasion d'une pestilence qui survint au pays, prist sa route devers Narbonne, Thouloze, Bourdeaux : ausquelles villes et citez donnant ses premiers coups d'essay, tira premierement fruict de ses labeurs, et lors il menoit l'an 22 de son âge. Ayant sejourné quatre ans en ces quartiers pratiquant la Medecine, il luy sembla bon retourner à Montpellier, pour ce recuire et passer au Doctorat : ce qu'il fist en peu de temps, non sans preuve, louange et admiration de tout le College. Passant à Tholouse, vint à Agen, ville sur la riviere de Garonne, où Jule Cesar Scaliger l'arresta, personnage de signalée et rare erudition, ainsi que chacun sçait, avec lequel il eut grande familiarité, qui toutesfois se changea quelque temps apres en forte simule et pique, ainsi qu'advient souvent entre les doctes, et se peut colliger par leurs escrits. Là prist à femme une fort honorable Damoiselle, de laquelle il eut deux enfans, masle et femelle, lesquels decedez, se voyant seul et sans compagnie, delibera soy retirer du tout en Provence, son naturel pays. Arrivé à Marseille, vint à Aix, parlement de Provence, où il fut trois années aux gages de la Cité, du temps que la peste s'y esleva en l'an de CHRIST 1546, telle si furieuse et cruelle que l'a descrite le Seigneur de Launay en son Theatre du monde, selon les vrais rapports qui luy en furent faits par nostre Autheur. De là venant à Salon de Craux, ville distante d'Aix d'une petite journée, et moitié chemin d'Avignon et Marseille, il se maria en secondes nopces. Où prevoyant les insignes mutations et changemens advenir en l'Europe universellement, et mesmes les guerres civiles et sanglantes, et les troubles pernicieux de ce Royaume Gaulois fatalement s'approcher, plein d'un enthousiasme, et comme ravy d'une fureur toute nouvelle, se mist à escrire ses Centuries, et autres presages, lesquels il garda long-temps sans les vouloir publier, estimant que la nouvelleté de la matiere ne failliroit luy susciter infinies detractions, calomnies et morsures plus que venimeuses, ainsi qu'il advint. A la parfin vaincu du desir qu'il avoit de profiter au public, les mist en lumiere, dont tout incontinent le bruit et renommée coururent par la bouche de nos hommes et des estrangers avec grandessime admiration. De ce bruit et fame empennée esmeu le trespuissant Henry II, roi de France, l'envoya querir pour venir en Cour, l'an de grace 1556, et ayant avec iceluy communiqué de choses grandes, le renvoya avec presens. Quelques ans apres, Charles IX, son fils, visitant ses provinces (qui fut en 1564) et rangeant sous la douceur de la paix ses villes mutinées, entrant en Provence, ne voulant faillir de visiter ce Prophete, et vrayement heroüé, usant envers luy de liberalité royale, l'honora de l'estat de Conseiller et sien Medecin ordinaire. Ce seroit chose trop prolixe, si je voulois icy deduire par escrit ce qu'il a predit, tant en special que general et superflu, combien de gens doctes, grands Seigneurs et autres, arrivoient à luy de toutes parts et regions, comme à un oracle; et ce que S. Hierosme disoit de Tite Live, je le puis affermer de cestuy, que venans en la France, ne cherchoient en icelle autre chose pour voir. A ce voyage du susdit roy Charles, il passoit soixante ans, et devenant fort caduque et debile, pour les maladies qui souvent l'affligeoient, mesme une arthritis et goutte attentoient constamment son an climacterique, auquel il deceda, sçavoir le 2 de juillet 1566, peu devant le Soleil levant, passant icelle arthritis en hydropisie qui au bout de huit jours le suffoqua. Que le temps de son trespas luy fut notoire, mesme le jour, voire l'heure, je le puis témoigner avec vérité. Me souvenant tres-bien que sur la fin de juin de ladite année, il avoit escrit de sa main aux Ephemerides de Iean Stadius, ces mots latins : *Hic prope mors est*; c'est-à-dire, Ici proche est ma mort. Et le jour devant qu'il fist eschange de cette vie à l'autre, luy ayant assisté bien longuement, et sur le tard prenant congé de luy jusques au lendemain matin, il me dit ces paroles : « Vous ne me verrez pas en vie au Soleil levant ». Sur son sepulchre fut inscrit et gravé tel epitaphe, fait à l'imitation de celuy de ce grand Tite Live (que cy-dessus avons touché), historiographe romain, qui aujourd'huy se void en l'eglise des Cordeliers de Salon, où le corps d'iceluy fut ensevely honorablement et porté ; qui pour estre allegué cy-apres en latin, tel qu'il est insculpé, je le traduiray ainsy :

« Cý reposent les os de Michel Nostradame,
» duquel la plume presque divine, a esté de tous
» estimée digne de tracer et rapporter aux humains,
» selon l'influence des astres, les evenemens à
» venir par dessus tout le rond de la terre.

» Il est trepassé à Salon de Craux en Provence,
» l'an de grace 1566, le 2 juillet, âgé de soixante-
» deux ans six mois dix-sept jours.

» O Posteres, ne touchez à ses cendres, et
» n'enviez point le repos d'iceluy ».

Il estoit de stature un peu moindre que la mediocre, de corps robuste, alaigre et vigoureux. Il avoit le front grand et ouvert, le nez droit et égal, les yeux gris, le regard doux, et en ire comme flamboyant, le visage severe et riant, de sorte qu'avec la severité se voyoit en iceluy conjoint une grande humanité; les joües vermeilles, voire jusques à l'extrême aage, la barbe longue et epaisse, la santé bonne et gaillarde, si nous exceptons la vieillesse et tous les sens aigus et tres-entiers. Quant à l'esprit, il l'avoit vif et bon, comprenant legerement tout ce qu'il vouloit; le jugement subtil, la memoire felice et admirable, de naturne taciturne, pensant beaucoup et parlant peu, discourant tres-bien en temps et lieu : au reste, vigilant, prompt et soudain, choleré, patient du labeur. Son dormir n'estoit que de quatre à cinq heures, loüant et aimant la liberté de langue, joyeux, facetieux, mordant en riant. Il approuvoit les ceremonies de l'Eglise romaine, et tenoit la foy et religion catholique, hors de laquelle il asseuroit n'estre point de salut; et reprenoit grievement ceux qui, retirez du sein d'icelle, se laissoient apaster et abruver de douceur et libertez des doctrines estrangeres et damnables : affermant que la fin leur en seroit mauvaise et pernicieuse. Ie ne veux oublier à dire qu'il s'exerçoit volontiers en jeusnes, oraisons, aumosnes, à la patience; abhorrissoit le vice et le chastioit severement; voir me souvient que donnant aux pauvres envers lesquels il étoit fort libéral et charitable, il avoit ce mot en bouche ordinairement, tiré de l'Escriture sainte: « Faites-vous des amis des richesses d'iniquité ». De sa seconde femme il a laissé six enfans, trois fils et trois filles. Le premier des masles, nommé Cesar, personnage d'un fort gaillard et gentil esprit, est celuy auquel il a dedié ses Centuries premieres, duquel nous devons esperer de grandes choses, si vray est ce que j'en ai trouvé en plusieurs lieux des Commentaires de son dit pere. Entr'autres enfantemens de son esprit fecond, que je passe icy sous silence, il a escrit douze Centuries de Predictions comprises briefvement par quatrains, que du mot grec il a intitulé Propheties, dont trois se trouvent imparfaites, la septieme, la neuvieme et la dixieme. Ces dernieres ont long-temps tenu prison et tiennent encore pour la malice du temps; enfin nous leur ouvrirons la porte. Nous avons de luy d'autres présages en prose, faits depuis l'an 1550 jusques à 67, qui, colligez par moi la pluspart et redigez en douze livres, sont dignes d'estre recommandez à la posterité. Ceux-ci comprennent notre histoire, et tous nos troubles, guerres et menées depuis un bout jusques à l'autre tant de présent que de l'advenir.

PREFACE

DE MICHEL NOSTRADAMVS

A SES PROPHETIES.

Ad Cæsarem Nostradamum filium
Vie et felicité.

Ton tard aduenement, Cesar Nostradamus, mon fils, m'a fait mettre mon long temps par continuelles vigilations nocturnes referer par escrit toi delaisser memoire, apres la corporelle extinction de ton progeniteur, au commun profit des humains, de ce que la diuine essence par Astronomiques reuolutions m'ont donné cognoissance. Et depuis qu'il a pleu au Dieu immortel que tu ne sois venu en naturelle lumiere dans ceste terre en plaige, et ne veux dire tes ans qui ne sont encores accompaignez, mais tes mois Martiaux incapables à receuoir dans ton debile entendement, ce que ie seray contraint apres mes iours definer, veu qu'il n'est possible te laisser par escrit ce que seroit par l'iniure du temps obliteré; car la parole hereditaire de l'occulte prediction sera dans mon estomach intercluse: considerant aussi les aduentures definiment estre incertaines, et que le tout est regy et gouuerné par la puissance de Dieu inestimable, nous inspirant non par la bacchante fureur ne par l'imphatique mouuement, mais par astronomiques assertions. *Soli numine divino afflati præsagiuut et spiritu prophetico particularia.* Combien que de long temps par plusieurs fois i'aye predict long temps auparauant ce que depuis est aduenu, et en particulieres regions attribuant le tout estre faict par la vertu et inspiration diuines, et autres felices et sinistres aduentures de acceleree promptitude prononcees que depuis sont aduenues par les climats du monde: ayant voulu taire et delaisser pour cause

de

de l'iniure, et non tant seulement du temps present, mais aussi de la plus grande part du futur, de mettre par escrit, pource que les regnes, sectes et regions seront changees si opposites, voire au respect du present diametralement, que si je venois à referer ce qu'à l'aduenir sera ceux du regne, secte, religion et foy, trouueroient si mal accordant à leur fantaisie auriculaire, qu'ils viendroient à damner ce que par les siecles aduenir on cognoistra estre veu et apperceu. Considerant aussi la sentence du vray Saueur : *Nolite sanctum dare canibus, nec mittatis margaritas ante porcos, ne conculcent pedibus et conuersi dirumpant vos ;* qui a esté la cause de faire retirer ma langue au populaire, et la plume au papier, puis me suis voulu estendre declarant pour le commun aduenement, par obstruses et perplexes sentences des causes futures, mesmes les plus vrgentes, et celles que j'ay apperceu, quelque humaine muta-

Partie I. b

tion qu'aduienne ne scandaliser l'auriculaire fragilité, et le tout escrit soubz figure nubileuse, plus que du tout prophetique, combien que *Abscondisti hæc à sapientibus, et pluribus, id est, potentibus et regibus, et enucleasti ea exiguis et tenuibus*; et aux Prophetes par le moyen de Dieu immortel et des bons Anges, ont receu l'esprit de vaticination, par lequel ils voyent les choses loingtaines, et viennent à preuoir les futurs aduenemens : car rien ne se peut paracheuer sans luy, ausquels si grande est la puissance, la bonté aux subiects, que pendant qu'ils demeurent en eux, toutesfois aux autres effets subiects pour la similitude de la cause du bon genius; celle chaleur et puissance vaticinatrice s'approche de nous, comme il aduient des rayons du soleil, qui viennent iettant leur influence aux corps elementaires et non elementaires. Quant à nous qui sommes humains, ne pouuons rien de nostre naturelle cognoissance et inclination d'engin, cognoistre des secrets obstruses de Dieu le Createur. *Quia non est nostrum noscere tempora nec momenta, etc.* Combien qu'aussi de present peuuent aduenir et estre personnages, que Dieu le Createur aye voulu reveler par imaginatiues impressions, quelques secrets de l'aduenir, accordez à l'astrologie iudicielle mesme du passé que certaine puissance et volontaire faculté venoit par eux, comme flambe de feu apparoit, que luy inspirant on venoit à iuger les diuines et humaines inspirations. Car les œuures diuines, que totalement sont absolues, Dieu les vient paracheuer; la moyenne qui est au milieu, les Anges; la troisiesme les mauvais. Mais mon fils, ie te parle icy vn peu trop obstrusement; mais quant aux occultes vaticinations qu'on vient à receuoir par le subtil esprit du feu, qui quelquesfois par l'entendement agité contemplant le plus haut des astres, comme estant vigilant, mesmes qu'aux pronontiations, estant surprins escrits prononçant sans crainte moyens attainct d'inuereconde loquacité; mais quoy tout procedoit de la puissance diuine du grand Dieu eternel de qui toute bonté procede. Encores, mon fils; que i'aye inseré le nom de Prophetie, ie ne veux attribuer tiltre de si haute sublimité pour le temps present : car qui *Propheta dicitur hodie, olim vocabatur videns;* car le Prophete proprement, mon fils, est celuy qui voit choses loingtaines de la cognoissance naturelle de toute creature. Et cas aduenant que le Prophete, moyennant la parfaicte lumiere de la prophetie, luy appaire manifestement des choses diuines comme humaines, que ce ne se peut faire, veu que les effets de la future prediction s'estendent loing. Car les secrets de Dieu incomprehensibles, et la vertu effectrice contingent de longue estendue de la cognoissance naturelle, prenant leur plus prochain origine du liberal arbitre, fait apparoir les causes qui d'elles mesmes ne peuuent acquerir celle notice pour estre cogneues, ne par les humains augures, ne par autre cognoissance ou vertu occulte, comprinse soubz la concauité du Ciel mesme, du fait present totale eternité qui vient en soy embrasser tout le temps. Mais moyennant quelque indiuisible eternité, par comitiale agitation Hiraclienne, les causes par le celeste mouuement sont cogneues. Ie ne dis pas, mon fils, afin que bien l'entendez, que la cognoissance de ceste matiere ne se peut encores imprimer dans ton debile cerueau, que les causes futures bien loingtaines ne soyent à la cognoissance de la creature raisonnable, si sont nonobstant bonnement la creature de l'ame intellectuelle des choses presentes loingtaines, ne luy sont du tout ne trop occultes, ne trop referees; mais la parfaicte des causes noticés ne se peut acquerir sans celle diuine inspiration : veu que toute inspiration prophetique reçoit prenant son principal principe mouuant de Dieu le Createur, puis de l'heur et de nature. Parquoy estans les causes indifferentes, indifferemment produictes, et non produictes, le presage partie aduient, ou a esté predict. Car l'entendement crée intellectuellement ne peut voir occultement, sinon par la voix faicte au lymbe; moyennant la exigue flamme en laquelle partie les causes futures se viendront à incliner; et aussi, mon fils, ie te supplie que iamais tu ne vueilles employer ton entendement à telles resueries et vanitez qui seichent le corps et mettent à perdition l'ame, donnant trouble au foible sens : mesmes la vanité de la plus qu'execrable magie reprouuee iadis par les sacrees escritures, et par les diuins canons, au chef duquel est excepté le iugement de l'Astrologie iudicielle; par laquelle et moyennant inspiration et reuelation diuines par continuelles supputations, auons nos propheties redigé par escrit. Et combien que celle occulte Philosophie ne fusse reprouuée, n'ai oncques voulu presenter leurs effrenees persuasions, combien que plusieurs volumes qui ont esté cachez par longs siecles, me sont esté manifestez; mais doubtant ce qui aduiendroit, en ay fait apres la lecture present à Vulcan que cependant qu'il les venoit à deuorer, la flamme leschant, l'air rendoit vne clarté insolite, plus claire que naturelle flamme, comme lumiere de feu de clystre fulgurant, illuminant subit la maison, comme si elle fut esté en subite conflagration. Parquoy afin qu'à l'aduenir ne fussiez abuzé, perscrutant la parfaicte transformation tant seline que solitaire, et soubz terre metaux incorruptibles, et aux ondes occultes, les ay en cendres conuertis; mais quant au iugement qui se vient paracheuer, moyennant le iugement celeste, cela te veux ie manifester : parquoy avoir cognoissance des causes futures, reiettant loing les phantastiques imaginations qui aduiendront limitant la particularité des lieux par diuine inspiration supernaturelle accordant aux celestes figures, les lieux et vne partie du temps de proprieté occulte par vertu, puissance, et faculté diuine, en presence de laquelle les trois temps sont comprins par eternité, reuolution tenant à la cause passee, presente et future : *quia omnia sunt nuda et aperta, etc.* Parquoy, mon fils, tu peux facilement, nonobstant ton tendre cerueau, comprendre que les choses qui doiuent aduenir, se peuuent prophetizer par les nocturnes et celestes lumieres, qui sont naturelles, et par l'esprit de prophetie ; non que ie me veuille attribuer nomination ni effect prophetiqne, mais par reuelee inspiration, comme homme mortel, esloigné non moins de sens au Ciel, que des pieds en terre. *Possum non errare, falli, decipi,* suis pecheur plus grand que nul de ce monde, suiect à toutes humaines afflictions ; mais estant surprins par fois la sepmaine limphatiquant, et par longue calculation, rendant les estudes nocturnes de souave odeur, i'ay composé Liures de propheties, contenant chacun cent quatrains astronomiques de propheties, lesquelles i'ay vn peu voulu rabuter obscurement ; et sont perpetuelles vaticinations, pour d'ici à l'annee 3797. Que possible fera retirer le front à quelques vns, en voyant si longue extension, par soubz toute la concavité de la Lune aura lieu et intelligence ; et ce entendant vniuersellement par toute la terre les causes, mon fils. Que si tu vis l'aage naturel et humain, tu verras devers ton climat, au propre Ciel de ta natiuité, les futures aduentures preuoir. Combien que le seul Dieu eternel soit celui seul qui cognoist l'eternité de sa lumiere, procedant de luy mesme, et ie dis franchement qu'à ceux à qui sa magnitude immense, qui est sans mesure et incompréhensible, a voulu par longue inspiration melancolique reueler, que moyennant icelle cause occulte manifestee diuinement, principalement de deux causes principales, qui sont comprinses à l'entendement de celuy inspiré qui prophetise, l'vne est qui vient à infuser, esclaircissant la lumiere supernaturelle, au personnage qui predit par la doctrine des Astres, et prophetise par inspiree reuelation, laquelle est vne certaine participation de la divine eternité, moyennant le Prophete vient à iuger de cela que son diuin esprit lui a donné, par le moyen de Dieu le Createur, et par vne naturelle instigation; c'est à sçavoir que ce que predit, est vrai, et a prins son origine ethercement et telle lumiere et flamme exigue est de toute efficace, et de telle altitude non moins que la naturelle clarté, et naturelle lumiere rend les Philosophes si asseurez que moyennant les principes de la premiere cause, ont attreinct à plus profondes abysmes des plus hautes doctrines : mais à celle fin, mon fils, que ie ne vague trop profondement pour la capacité future de ton sens, et aussi que ie treuue que les let-

PREFACE. 27

tres feront si grande et incomparable iacture, que ie treuue le monde auant l'vniuerselle conflagration aduenir tant de deluges et si hautes inondations qu'il ne sera guiere terroir qui ne soit couuert d'eau ; et sera par si long temps, que hors mis enographies et topographies que le tout ne soit pery ; aussi auant et apres telles inondations en plusieurs contrees, les pluyes seront si exigues, et tombera du Ciel si grande abondance de feu et de pierres candantes, qui n'y demeurera rien qui ne soit consommé ; et ceci aduenir en brief, et auant la derniere conflagration : car encores que la planette de Mars paracheue son siecle et à la fin de son dernier periode si le reprendra il : mais assemblez les vns en Aquarius par plusieurs années, les autres en Cancer par plus longues et continues. Et maintenant que sommes conduicts par la Lune, moyennant la totale puissance de Dieu eternel, qu'auant qu'elle aye paracheué son total circuit, le Soleil viendra, et puis Saturne : car selon les signes celestes, le regne de Saturne sera de retour, que le tout calculé, le monde s'approche d'vne anaragonique reuolution ; et que de present ceci i'escrits auaut cent septante sept ans trois mois vnze iours par pestilence, longue famine, et guerres, et plus par les inondations le monde entre cy et ce terme prefix, auant et apres par plusieurs fois, sera si diminué, et si peu de monde sera, que l'on ne trouuera qui vueille prendre les champs, qui deuiendront libres aussi longuement, qu'ils ont estés en seruitude; et ce quant au visible iugement celeste, qu'encores que nous soyons au septiesme nombre de mille qui paracheue le tout, nous approchant du huictiesme où est le firmament de la huictiesme sphere, qui est en dimension latitudinaire, où le grand Dieu eternel viendra paracheuer la revolution, où les images celestes retournent à se mouuoir, et le mouuement superieur qui nous rend

la

la terre stable et ferme, *non inclinabitur in sœculum sœculi* : hors mis que son vouloir sera accomply, mais non point autrement : combien que par ambigues opinions excedantes toutes raisons naturelles par songes Mahometiques, aussi aucunes fois Dieu le Createur, par les ministres de ses messagers de feu en flamme missiue, vient à proposer aux sens exterieurs, mesmement à nos yeux, les causes de future prediction, significatrices du cas futur qui se doit à celuy qui presage manifester. Car le presage qui se faict de la lumiere exterieure vient infailliblement à iuger partie auecques, et moyennant le lume exterieur : combien vrayement que la partie qui semble auoir par l'œil de l'entendement, ce que n'est par la lesion du sens imaginatif, la raison est par trop euidente, le tout estre predict par afflation de diuinité, et par le moyen de l'esprit angelique inspiré à l'homme prophetisant, rendant oinctes de vaticinations

Partie I. c

le venant à illuminer, lui esmouuant le deuant de la phantasie par diuerses nocturnes apparitions que par diurne certitude prophetise par administration Astronomique, conioincte de la sanctissime future prediction, ne considerant ailleurs qu'au courage libre. Viens à ceste heure entendre, mon fils, que ie trouue par mes reuolutions, qui sont accordantes à reuelee inspiration, que le mortel glaiue s'approche de nous maintenant, par peste, guerre plus horrible qu'à vie de trois hommes n'a esté, et famine, lequel tombera en terre, et y retournera souuent : car les astres s'accordent à la reuolution, et aussi a dit : *Visitabo in virga ferrea iniquitates eorum, et in verberibus percutiam eos;* car la misericorde de Dieu ne sera point dispergee vn temps, mon fils, que la pluspart de mes Propheties seront accomplies, et viendront estre par accomplissement reuoluës. Alors par plusieurs fois durant les sinistres tem-

PREFACE.

pestes. *Conteram ego*, dira le Seigneur, *et confringam, et non miserebor*, et mille autres aduentures qui aduiendront par eaux et continuelles pluyes, comme plus à plain i'ay redigé par escrit aux miennes autres Propheties qui sont composees tout au long, *in soluta oratione*, limitant les lieux, temps, et le terme prefix que les humains apres venus verront, cognoissant les aduentures aduenues infailliblement, comme auons noté par les autres, parlans plus clairement, nonobstant que soubz nuee seront comprinzes les intelligences : *Sed quando submouenda erit ignorantia*, le cas sera plus esclaircy. Faisant fin, mon fils, pren donc ce don de ton pere Michel Nostradamus, esperant toy declarer vne chacune Prophetie des Quatrains cy mis. Priant au Dieu immortel, qu'il te veuille prester vie longue, en bonne et prospere felicité. De Salon, ce 1 de mars 1555.

PROPHETIES
DE
NOSTRADAMVS.

CENTURIE I.

Estant assis de nuict secret estude,
Seul reposé sur la selle d'ærain,
Flambe exigue sortant de sollitude,
Faict prosperer qui n'est à croire vain.

2.

La verge en main mise au milieu de Branches,
De l'onde il mouille et le limbe et le pied :
Vn peur et voix fremissent par les manches,
Splendeur diuine. Le divin pres s'assied.

3.

Quand la lictiere du tourbillon versee,
Et seront faces de leurs manteaux couuerts,
La republique par gens nouueaux vexee,
Lors blancs et rouges iugeront à l'enuers.

4.

Par l'vniuers sera faict vn Monarque,
Qu'en paix et vie ne sera longuement :

c 3

Lors se perdra la piscature barque,
Sera regie en plus grand detriment.

5.

Chassez seront pour faire long combat,
Par le pays seront plus fort greuez :
Bourg et Cité auront plus grand debat,
Carcas. Narbonne auront cœur esprouuez.

6.

L'œil de Rauenne sera destitué,
Quand à ses pieds des aisles failliront :
Les deux de Bresle auront constitué,
Turin, Verseil, qui Gaulois fouleront.

7.

Tard arriué, l'execution faicte,
Le vent contraire, lettres au chemin prinses :
Les coniurez xiiij. d'vne secte,
Par le Rousseau senez les entreprinses.

8.

Combien de fois prinse cité solaire
Seras changeant les loix barbares et vaines :
Ton mal s'approche. Plus seras tributaire
La grand Hadrie recourira tes veines.

9.

De l'Orient viendra le cœur Punique
Fascher Hadrie, et les hoirs Romulides,
Accompagné de la classe Libyque,
Temple Melites et proches Isles vuides.

CENTVRIE I.

10.

Serpens transmis en la cage de fer,
Où les enfans septains du Roy sont pris :
Les vieux et peres sortiront bas de l'enfer,
Ains mourir voir de fruict mort et cris.

11.

Le mouuement de sens, cœur, pieds et mains
Seront d'accord Naples, Lyon, Sicille,
Glaiues, feux, eaux, puis aux nobles Romains,
Plongez, tuez, morts par cerueaux debile.

12.

Dans peu dira faulce brute fragile,
De bas en hault esleué promptement :
Puis en instant desloyale et labile,
Qui de Veronne aura gouuernement.

13.

Les exilez par ire, haine intestine,
Feront au Roy grand coniuration :
Secret mettront ennemis par la mine,
Et ses vieux siens contre eux sedition.

14.

De gent esclaue chansons, chants et requestes,
Captifs par Princes et Seigneurs aux prisons,
A l'aduenir par idiots sans testes,
Seront receuz par diuines oraisons.

15.

Mars nous menasse par la force bellique,
Septante fois fera le sang espandre :
Auge et ruyne de l'Ecclesiastique,
Et plus ceux qui d'eux rien voudront entendre.

16.

Faulx à l'estang ioincte vers le Sagittaire,
En son hault AVGE de l'exaltation,
Peste, famine, mort de main militaire,
Le siecle approche de renouation.

17.

Par quarante ans l'Iris n'apparoistra,
Par quarante ans tous les iours sera veu :
La terre aride en siccité croistra,
Et grands deluges quand sera apperceu.

18.

Par la discorde negligence Gauloise
Sera passage à Mahomet ouuert,
De sang trempé la terre et mer Senoise,
Le port Phocen de voiles et nefs couuert.

19.

Lors que serpens viendront circuir l'arc,
Le sang Troyen vexé par les Espaignes :
Par eux grand nombre en sera fait tare,
Chef fuit, caché au mares dans les saignes.

CENTVRIE I.

20.

Tours, Orleans, Blois, Angers, Reims et Nantes,
Citez vexees par subit changement,
Par langues estranges seront tendues tentes,
Fleuues, darts, terre et mer Renes, tremblement.

21.

Profonde argile blanche nourrit rocher,
Qui d'vn abysme istra lacticineuse,
En vain troublez ne l'oseront toucher,
Ignorant estre au fond terre argilieuse.

22.

Ce qui viura et n'ayant aucun sens,
Viendra le serf à mort son artifice,
Autun, Chalon, Langres, et les deux Sens,
La gresle et glace fera grand malefice.

23.

Au mois troisiesme se leuant le Soleil,
Sanglier, leopard, au champ Mars pour combattre.
Leopard lassé au Ciel estend son œil,
Vn Aigle autour du Soleil voit s'esbattre.

24.

A cité neuue pensif pour condamner,
L'oisel de proye au Ciel se vient offrir :
Apres victoire à captifs pardonner,
Cremone et Mantouë grands maux aura souffert.

25.

Pendu, trouué, caché de si long siecle,
Sera pasteur demy Dieu honoré.
Ains que la lune acheue son grand siecle,
Par autres vents sera deshonoré.

26.

Le grand du foudre tombe d'heure diurne,
Mal et predict par porteur postulaire :
Suiuant presage tombe d'heure nocturne,
Conflit Reims, Londres, Etrusque pestifere.

27.

Dessous de chaine Guien du Ciel frappé.
Non loing de là est caché le thresor,
Qui par longs siecles auoit esté grappé,
Trouué mourra l'œil creué de ressor.

28.

La tour de Boucq craindra fuste Barbare,
Vn temps, long temps apres barque hesperique,
Bestail, gens, meubles, tous deux feront grand tare,
Taurus et Libra, quelle mortelle picque!

29.

Quand le poisson terrestre et aquatique,
Par force vague au gravier sera mis,
Sa forme estrange suave et horrifique,
Par mer aux murs bien tost les ennemis.

CENTVRIE I.

30.

La nef estrange par le tourment marin,
Abordera pres de port incogneu,
Nonobstant signes de rameau palmerin,
Apres mort pille, bon aduis tard venu.

31.

Tant d'ans en Gaule les guerres dureront,
Outre la course du Castulon monarque :
Victoire incerte, trois grands couronneront,
Aigle, Coq, Lune, Lyon, Soleil en marque.

32.

Le grand Empire sera tost translaté
En lieu petit, qui bien tost viendra croistre,
Lieu bien infime d'exigue comté,
Où au milieu viendra poser son sceptre.

33.

Pres d'un grand pont de plaine spatieuse,
Le grand Lyon par forces Cesarees,
Fera abbatre hors cité rigoureuse,
Par effroy portes lui seront reserrees.

34.

L'oyseau de proye volant à la fenestre,
Auant conflict faict aux François parure,
L'vn bon prendra, l'vn ambigue sinistre,
La partie foible tiendra par bon augure.

CENTVRIE I.
35.

Le Lyon ieune, le vieux surmontera,
En champ bellique par singulier duelle,
Dans cage d'or les yeux lui creuera,
Deux classes, vne puis mourir de mort cruelle.

36.

Tard le Monarque se viendra repentir,
De n'auoir mis à mort son aduersaire,
Mais viendra bien à plus hault consentir,
Que tout son sang par mort fera deffaire.

37.

Vn peu deuant que le Soleil s'absconse,
Conflict donné, grand peuple dubiteux,
Profligez, port marin ne faict responce,
Pont et sepulchre en deux estranges lieux.

38.

Le Soleil et l'Aigle au victeur parroistront,
Responce vaine au vaincu l'on asseure,
Par cor, ny cris harnois n'arresteront,
Vindicte paix, par morts si acheue à l'heure.

39.

De nuict dans lit le supresme estrangle,
Pour trop auoir seiourné blond esleu,
Par trois l'empire subroge exaucle,
A mort mettra Garte et paquet ne leu.

CENTVRIE I.

40.

La trombe fausse dissimulant folie,
Fera Bisance vn changement de lois,
Histra d'Egipte, qui veut que l'on deslie,
Edict changeant monnoye et aloys.

41.

Siege en cité est de nuict assaillie,
Peu eschappé, non loin de mer conflict,
Femme de ioye, retours fils defaillie,
Poison et lettres cachées dans le plic.

42.

Le dix Calende d'auril de faict Gothique,
Resuscité encore par gens malins,
Le feu estainct, assemblée diabolique,
Cherchant les os du d'Amant et Plelin.

43.

Auant qu'aduienne le changement d'empire,
Il aduiendra vn cas bien merueilleux,
Le champ mué le pillier de Porphire,
Mis, transmué sus le rocher noilleux.

44.

En bref seront de retour sacrifices,
Contreuenans seront mis à martyre :
Plus ne seront moines, abbez, ne novices
Le miel sera beaucoup plus cher que cire.

Partie I.

45.

Secteur de sectes, grand peine au delateur,
Beste en theatre, dresse le ieu scenique,
Du faict antique annobly l'inuenteur.
Par sectes monde confus et schismatique.

46.

Tout apres d'Aux, de Lestore et Mirande,
Grand feu du Ciel en trois nuicts tombera,
Cause aduiendra bien stupende et Mirande,
Bien peu après la terre tremblera.

47.

Du lac Leman les sermons fascheront,
Des iours seront reduits par des semaines,
Puis mois, puis an, puis tous defailliront,
Les Magistrats damneront leurs loix vaines.

48.

Vingt ans du regne de la Lune passez,
Sept mille ans autre tiendra sa monarchie,
Quand le Soleil prendra ses iours lassez,
Lors accomplir et mine ma prophetie.

49.

Beaucoup auant telles menees,
Ceux d'Orient par la vertu lunaire:
L'an mil sept cens feront grand emmenees,
Subiugant presque le coing Aquilonaire.

CENTVRIE I.
50.

De l'aquatique triplicité naistra,
D'vn qui fera le Ieudy pour sa feste :
Son bruit, loz, regne, sa puissance croistra,
Par terre et mer aux Oriens tempeste.

51.

Chef d'Aries, Iupiter, et Saturne,
Dieu eternel quelles mutations !
Puis par long siecle son maling temps retourne,
Gaule et Italie, quelles esmotions !

52.

Les deux malins de Scopion conioincts,
Le grand Seigneur meudry dedans la salle.
Peste à l'Eglise par le nouueau Roy ioinct,
L'Europe basse et septentrionale.

53.

Las qu'on verra grand peuple tourmenté,
Et la loy saincte en totale ruine,
Par autres loix toute la Chrestienté,
Quand d'or, d'argent trouue nouuelle mine.

54.

Deux reuolts faicts du maling facigere,
De regne et siecles faict permutation :
Le mobil signe à son endroit si ingere,
Aux deux esgaux et d'inclination.

55.

Sous l'opposite climat Babylonique,
Grande sera de sang effusion,
Que terre et mer, air, ciel sera inique,
Sectes, faim, regnes, pestes, confusion.

56.

Vous verrez tost et tard faire grand change,
Horreurs extremes et vindications :
Que si la Lune conduicte par son Ange,
Le Ciel s'approche des inclinations.

57.

Par grand discord la trombe tremblera,
Accord rompu dressant la teste au Ciel,
Bouche sanglante dans le sang nagera
Au sol la face oincte de laict et miel.

58.

Tranché le ventre naistra auec deux testes,
Et quatre bras, quelques ans entiers viura,
Iour qui Alquiloye celebrera ses festes,
Fossen, Turin, chef Ferrare suyura.

59.

Les exilez deportez dans les Isles,
Au changement d'vn plus cruel Monarque,
Seront meurtris, et mis d'eux les scintiles,
Qui de parler ne seront estez parque.

CENTVRIE I.

60.

Vn Empereur naistra pres d'Italie,
Qu'à l'Empire sera vendu bien cher,
Diront auec quels gens il se r'alie,
Qu'on trouuera moins prince que bouchec.

61.

La republique miserable infelice,
Sera gastee du nouueau magistrat,
Leur grand amas de l'exil malefice,
Fera Sueue rauir leur grand contract.

62.

La grande perte, las que feront les lettres,
Auant le Ciel de Latona parfaict,
Feu grand deluge plus par ignares sceptres,
Que de l'on siecle ne se verra refaict.

63.

Les fleurs passez diminue le monde,
Longtemps la paix terres inhabitees,
Surmarchera par Ciel, terre, mer et onde,
Puis de nouueau les guerres suscitees.

64.

De nuict Soleil ont penser auoit veu,
Quand le pourceau demy homme on verra,
Bruit, chant, bataille au Ciel battre apperceu,
Et bestes brutes à parler l'on orra.

65.

Enfant sans main iamais veu si grand foudre,
L'enfant royal au ieu d'estœuf blessé,
Au Puy brises fulgures allant mouldre,
Trois souz les chaines par le milieu troussez.

66.

Celuy qui lors portera les nouuelles,
Après vn, il viendra respirer,
Viuiers, Tournon, Moutferreant et Pradelle,
Gresle et tempeste le fera souspirer.

67.

La grande famine que ie sens approcher,
Souuent tourner, puis estre vniuerselle.
Si grande et longue qu'on viendra arracher,
Du bois racine, et l'enfant de mammelle.

68.

O quel horrible et mal'heureux tourment !
Trois innocens qu'on viendra à liurer,
Poison suspecte, mal gardé tradiment,
Mis en horreur par bourreaux enyurés.

69.

La grand montagne ronde de sept stades,
Apres paix, guerre, faim, inondation,
Roulera loin abismant grands contrades,
Mesmes antiques, et grand fondation.

CENTVRIE I.

70.

Pluye, faim, guerre en Perse non cessee,
La foy trop grand trahira le Monarque :
Par la finie en Gaule commencee,
Secret augure pour a un estre parque.

71.

La tour marine trois fois prise et reprise,
Par Espagnols, Barbares, Ligurins :
Marseille et Aix, Arles par ceux de Pise,
Vast, feu, fer, pillé Auignon des Thurins.

72.

Du tout Marseille des habitans changee,
Course et poursuitte iusque aupres de Lyon,
Narbon, Toloze, par Bourdeaux outragee,
Tuez, captifs, presque d'vn miilion.

73.

France à cinq parts par neglet assaillie,
Tunys, Argal esmeuz par Persiens :
Leon, Seuille, Barcellone faillie,
N'aura la classe par les Venitiens.

74.

Apres seiourné, vogueront en Empire,
Le grand secours viendra vers Antioche :
Le noir poil crespe tendra fort à l'Empire,
Barbe d'ærain se rostira en broche.

CENTVRIE L

75.

Le tyran Sienne occupera Sauonne,
Le fort gaigné tiendra classe marine
Les deux armees par la marque d'Anconne.
Par effrayeur le chef s'en examine.

76.

D'vn nom farouche tel proferé sera,
Que les trois sœurs auront fato le nom :
Puis grand peuple par langue et faict dira,
Plus que nul autre aura bruit et renom.

77.

Entre deux mers dressera promontoir,
Que puis mourra par le mort du cheual :
Le sien Neptune pliera voile noire,
Par Calpre et classe auprès de Rocheual.

78.

D'vn chef vieillard naistra sens hebeté,
Degenerant par sçauoir et par armes :
Le chef de France par sa sœur redouté,
Champs diuisés, concedez aux gendarmes.

79.

Bazar, Lestor, Condon, Ausch, Agine,
Esmeus par loix, querelle et monopole :
Car Bourd. Tholoze, Bay mettra en ruine,
Renouueller voulant leur tauropole.

CENTVRIE I.

80.

De la sixiesme clair splendeur celeste,
Viendra tourner si fort en la Bourgongne,
Puis naistra monstre de tres hideuse beste,
Mars, Auril, May, Juing, grand charpin et rongne.

81.

D'humain troupeau neuf seront mis à part,
De iugement et conseil separez,
Leur sort sera diuisé en départ,
Kappa, Thita, Lambda mors bannis esgarez.

82.

Quand les colonnes de bois grande tremblee
D'Austere conduicte, couuerte de rubriche,
Tant vuidera dehors grande assemblee,
Trembler Vienne et le pays d'Austriche.

83.

La gent estrange diuisera butins,
Saturne en Mars son regard furieux,
Horrible estrange aux Toscans et Latins,
Grecs qui seront à frapper curieux.

84.

Lune obscurcie aux profondes tenebres,
Son frere passe de couleur ferrugine,
Le grand caché long temps sous les tenebres,
Teindra fer dans la playe sanguinaire.

85.

Par la response de Dame Roy troublé,
Ambassadeurs mespriseront leur vie,
Le grand ses freres contrefera doublé,
Par deux mourront ire, haine et enuie.

86.

La grande Royne quand' se verra vaincue
Fera excez de masculin courage,
Sur cheual, fleuue passera toute nue,
Suite par fer, à soy fera outrage.

87.

En nosigee feu du centre de terre,
Fera trembler autour de cité neuue
Deux grands rochers long temps feront la guerre,
Puis Arethuse rougira nouueau fleuue.

88.

Le diuin mal surprendra le grand Prince,
Vn peu deuant aura femme espousee
Son appuy et credit à un coup viendra mince
Conseil mourra pour la teste rasee.

89.

Tous ceux de Illerde seront dans la Moselle,
Mettant à mort tous ceux de Loire et Seine,
Le cour marin viendra près d'haute velle,
Quand Espagnolz ouurira toute veine.

90.

Bourdeaux, Poictiers, au son de la campagne,
A grande classe ira jusqu'à l'Angon,
Contre Gaulois sera leur tramontane,
Quand monstre hideux naistra pres de Orgon.

91.

Les Dieux feront aux humains apparence,
Ce qu'ils seront autheurs de grand conflict,
Auant Ciel veu serain espee et lance,
Que vers main gauche sera plus grand afflict.

92.

Sous vn la paix par tout sera clamee,
Mais non long temps pille et rebellion,
Par refus ville, terre et mer entammee,
Mort et captifs le tiers d'vn millon.

93.

Terre Italique pres des monts tremblera,
Lyon et Coq non trop confederez,
En lieu de peur l'vn l'autre s'aydera
Seul Castulon et Celtes moderez.

94.

Au port Selin le tyran mis à mort,
La liberté non pourtant recouuree :
Le nouueau Mars par vindicte et remort,
Dame par force de frayeur honoree.

95

Deuant moustier trouvé enfant besson,
D'heroic sang de moine et vetustique :
Son bruit par secte langue et puissance son,
Qu'on dira fort esleué le vopisque.

96.

Celuy qu'aura la charge de destruire
Temples, et sectes, changez par fantaisie :
Plus aux rochers qu'aux viuans viendra nuit
Par langue ornee d'oreille rassasie.

97.

Ce que fer, flamme n'a sceu paracheuer,
La douce langue au conseil viendra faire :
Par repos, songe le Roy fera resuer,
Plus l'ennemy en feu, sang militaire.

98.

Le chef qu'aura conduict peuple infiny,
Loing de son Ciel, de meurs et langue estrange.
Cinq mille en Crete et Thessalie finie,
Le Chef fuyant sauué en la marine grange.

99.

Le grand monarque que fera compagnie,
Auec deux Rois unis par amitié :
O quel soupir fera la grande mesgnie !
Enfans Narbon à l'entour, quel pitié.

100.

CENTVRIE I.

100.

Long temps au ciel sera veu gris oyseau,
Aupres de Dole et de Toscane terre :
Tenant au bec un verdoyant rameau,
Mourra tost grand et finira la guerre.

PROPHETIES
DE NOSTRADAMVS.

CENTVRIE II.

VERS Aquitaine par insuls Britaniques,
De par eux mesmes grandes incursions :
Pluyes, gelees feront terroirs iniques,
Port Selyn fortes fera invasions.

2.

La teste bleue fera la teste blanche,
Autant de mal que France a faict leur bien,
Mort à l'anthene, grand pendu sus la branche,
Quand prins des siens le Roy dira combien.

3.

Pour la chaleur solaire sus la mer,
De Negre pont les poissons demy cuits,

Partie I.

CENTVRIE II.

Les habitans les viendront entammer,
Quand Rhod et Cennes leur faudra le biscuit.

4.

Depuis Monach jusqu'aupres de Sicille,
Toute la plage demourra desolee,
Il n'y aura faubourgs, cité, ne Ville,
Qui par Barbares pillee ne soit et vollee.

5.

Qu'en dans poissons, fer et lettre enfermee,
Hors sortira, qui puis fera la guerre,
Aura par mer sa classe bien armee,
Apparoissant pres de Latine terre.

6.

Aupres des portes et dedans deux citez,
Seront deux fleaux et onc n'apperceu tel,
Faim, dedans peste de fer hors gens boutez,
Crier secours au grand Dieu immortel.

7.

Entre plusieurs aux Isles deportez,
L'vn estre nay à deux dents en la gorge,
Mourront de faim les arbres esbrotez,
Pour eux neuf Roy, nouuel edict leur forge.

8.

Temple sacrez prime façon Romaine,
Reietteront les goffres fondements,

Prenant leurs loix premieres et humaines,
Chassant, non tout, des Saincts les cultements.

9.

Neuf ans le regne le maigre en paix tiendra,
Puis il cherra en soif si sanguinaire,
Pour luy grand peuple sang foy et loy mourra,
Tué par vn beaucoup plus debonnaire.

10.

Auant longtemps le tout sera rangé.
Nous esperons vn siecle bien senestre :
L'estat des masques et des seuls bien changé,
Peu trouueront qu'à son rang vueille estre.

11.

Le proschain fils de l'aisner paruiendra,
Tant esleué jusqu'au regne des fors,
Son aspre gloire vn chacun la craindra,
Mais ses enfans du regne iettez hors.

12.

Yeux clos, ouuerts d'antique fantasie,
L'abit des seuls seront mis à neant.
Le grand Monarque chastira leur frenaisie,
Rauir des temples le thresor par devant.

13.

Le corps sans ame plus n'estre en sacrifice,
Iour de la mort mis en natiuité :

L'esprit diuin fera l'ame felice,
Voyant le verbe en son eternité.

14.

A Tours, Guien, gardé seront yeux penetrans
Descouuriront de loing la grande sereine
Elle et sa suite au port seront entrans.
Combat, poussez, puissance souueraine.

15.

Vn peu deuant monarque trucidé,
Castor, Pollux en nef, astre crinite
L'ærain public par terre et mer vuidé,
Pise, Ast, Ferrare, Turin, terre interdicte.

16.

Naples, Palerme, Sicille, Siracuses,
Nouueaux tyrans, fulgures feux celestes :
Force de Londres, Gand, Bruxelles, et Suses
Grand hecatombe, et triomphe faire festes.

17

Le camp du temple de la vierge vestale,
Non esloigné d'Ethene et mons Pyrenees :
Le grand conduict est caché dans la male,
North getez fleuues et vignes mastinees.

18

Nouuelle et pluye subite, impetueuse,
Empeschera subit d'eux exercites :

CENTVRIE II.

Pierre, ciel, feux faire la mer pierreuse,
La mort de sept terre et marin subites.

19.

Nouueaux venus lieu basti sans deffence,
Occuper place pour lors inabitable,
Prez, maisons, champs, villes, prendre à plaisance,
Faim, peste, guerre, arpent long labourable.

20.

Freres en seurs en diuers lieux captifs,
Se trouueront passer pres du monarque,
Les contempler ses rameaux ententifs,
Desplaisant voir menton, front, nez, les marques.

21.

L'ambassadeur enuoyé par biremes
A my chemin d'incogneus respousez :
De sel renfort viendront quatre triremes,
Cordes et chaines en Negrepont troussez.

22

Le champ Ascop d'Europe partira,
S'adioignant proche de l'Isle submergée :
D'Aarton classe phalange pliera,
Nombril du monde plus grand voix subrogée.

23

Palaix, oyseau, par oyseau dechassé,
Bien tost apres le Prince paruenu :

Combien qu'hors fleuue ennemy repoulsé,
Dehors saisi trait d'oyseau soustenu.

24.

Bestes farouches de faim fleuues tranner,
Plus par du champ encontre Hister sera,
En cage de fer le grand fera traisner,
Quand rien enfant de Germain obseruera.

25.

La garde estrange trahira forteresse,
Espoir et vmbre de plus haut mariage :
Garde deceuë, fort prise dans la presse,
Loire, Saone, Rosne, Gar, à mort outrage.

26.

Pour faueur que la cité la fera,
Au grand qui tost perdera champ de bataille,
Puis le rang Pau et Thesin versera,
De sang, fou, mors noyez de coup de taille.

27.

Le diuin verbe sera du ciel frappé,
Qui ne pourra proceder plus auant,
Du resserrant le secret estoupé,
Qu'on marchera par dessus et deuant.

28.

Le penultiesme du surnom du Prophete,
Prendra Diane pour son iour et repos,

CENTVRIE II.

Loing vaguera par frenetique teste,
En deliurant vn grand peuple d'impos.

29

L'Oriental sortira de son siege,
Passer les monts Appenniens voir la Gaule,
Transpercera le ciel, les eaux et neige,
Et vn chacun frappera de sa gaule.

30.

Vn qui les Dieux d'Anibal infernaux,
Fera renaistre, effrayeur des humains :
Oncq' plus d'horreur ne plus dires iournaux
Qu'auint viendra par Babel aux Romains.

31.

En Campanie Cassilin fera tant,
Qu'on ne verra que d'eaux les champs couuerts :
Deuant apres la pluye de long temps,
Hors mis les arbres rien l'on verra de verts.

32.

Laict, sang grenoilles escoudre en Dalmatie,
Conflict donné, peste pres de Balennes
Cry sera grand par toute Esclauonie,
Lors naistra monstre pres et dedans Rauenne.

33.

Par le torrent qui descend de Veronne,
Par lors qu'au Pau guidera son entree :

Vn grand naufrage, et non moins en Garonne,
Quand ceux de Genes marcheront leur contree.

34.

L'ire insensee du combat furieux,
Fera à table par freres le fer luire :
Les departir, mort, blessé, curieux,
Le fier duelle viendra en France nuire.

35.

Dans deux logis de nuict le feu prendra,
Plusieurs dedans estouffez et rotis :
Pres de deux fleuues pour seul il aduiendra :
Sol l'Arq et Caper tous seront amortis.

36.

Du grand Prophete les lettres seront prinses,
Entre les mains du tyran deuiendront,
Frauder son Roy seront ses entreprinses,
Mais ses rapines bien tost le troubleront.

37.

De ce grand nombre que l'on enuoyera,
Pour secourir dans le fort asseigez,
Peste et famine tous les deuorera,
Hors mis septante qui seront profligez.

38.

Des condamnez sera faict un grand nombre,
Quand les monarques seront conciliez :

Mais à l'vn d'eux viendra si mal encombre,
Que gueres ensemble ne seront raliez.

39.

Vn an deuant le conflict Italique,
Germains, Gaulois, Espagnols pour le fort,
Cherra l'escolle maison de republique,
Où hors mis peu seront suffoquez morts.

40.

Vn peu apres non point longue interualle,
Par mer et terre sera faict grand tumulte :
Beaucoup plus grande sera pugne naualle,
Feux, animaux qui plus feront d'insulte.

41.

La grande estoille par sept iours bruslera,
Nuee fera deux soleils apparoir,
Le gros mastin toute nuict hurlera,
Quand grand pontife changera de terroir.

42.

Coq, chiens et chats de sang seront repeus,
Et de la playe du tyran trouué mort,
Au lict d'un autre iambes et bras rompus.
Qui n'auoit peu mourir de cruel mort.

43.

Durant l'estoille cheuelue apparente,
Les trois grands princes seront faicts ennemis :

Frappez du ciel paix et terre tremblante.
Pau, Tybre, vndans, serpens sur le bort, mis.

44.

L'aigle poussee entour de pauillons,
Par autres oiseaux d'entour sera chassee:
Quand bruit des tymbres tube et sonnaillons
Rendront le sens de la dame insensee.

45.

Trop le ciel pleure l'Androgyn procree,
Pres de ce ciel sang humain respandu:
Par mort trop tard grand peuple recree,
Tard et tost vient le secours attendu.

46.

Apres grand trosche humain plus grand s'appreste
Le grand moteur les siecles renouuelle:
Pluye, sang, laict, famine, fer et peste,
Au ciel veu feu, courant longue estincelle.

47.

L'ennemy grand vieil dueil meurt de poison,
Les souuerains par infirmes subiuguez:
Pierres plouuoir, cachez soubs la toison.
Par mort articles en vain sont alleguez.

48.

La grand copie qui passera les monts,
Saturne en l'Arc tournant du poisson Mars:

CENTVRIE II.

Venins cachez soubs testes de saulmons,
Leur chief pendu à fil de polemars.

49.

Les conseillers du premier monopole,
Les conquerants seduits par la Melite :
Rode, Bisance pour leurs exposant pole,
Terre faudra les poursuiuans de fuite.

50.

Quand ceux d'Hainault, de Gand et de Bruxelles
Verront à Langres le siege deuant mis,
Derrier leurs flancs seront guerres cruelles;
La playe antique fera pis qu'ennemis.

51.

Le sang du iuste à Londres fera faute,
Bruslez par foudres de vingt trois les six,
La dame antique cherra de place haute,
De mesme secte plusieurs seront occis.

52.

Dans plusieurs nuicts la terre tremblera,
Sur le printemps de deux efforts la suite,
Corinthe, Ephese aux deux mers nagera,
Guerre s'esmeut par deux vaillants de luite.

53.

La grande peste de cité maritime,
Ne cessera que mort ne soit vengée

Du iuste sang par pris damné sans crime,
De la grand dame par feinte n'outragee.

54.

Par gent estrange, et de Romains loingtaine,
Leur grand cité apres eaue fort troublee,
Fille sans main trop different domaine,
Prins chef, ferreure n'avoir esté riblee.

55.

Dans le conflict le grand qui peu valioit,
A son dernier fera cas merueilleux,
Pendant qu'Hadrie verra ce qu'il falloit,
Dans le banquet pongnale l'orgueilleux.

56.

Que peste et glaine n'a peu sçeu definer,
Mort dans le puys sommet du ciel frappé;
L'abbé moura quand verra ruiner
Ceux du nauffrage l'escueil voulant grapper.

57.

Auant conflict le grand mur tombera,
Le grand à mort, mort, trop subite et plainte
Nay my parfaict, la plus part nagera,
Aupres du fleuue de sang la terre tainte.

58.

Sans pied ne main dent ayguë et forte,
Par globe au fort de port et layné nay,

CENTVRIE II.

Pres du portail desloyal se transporte,
Silene luit, petit, grand emmené.

59.

Classe Gauloise par appuy de grand garde,
Du grand Neptune, et ses tridens souldars,
Rongee Prouence pour soustenir grand bande,
Plus Mars Narbon par iavelots et dards.

60.

La foi punique en Orient rompue,
Grand Iud, et Rosne, Loire, et Tag, changeront
Quand du mulet la faim sera respue,
Classe espargie, sang et corps nageront.

61.

Euge, Tamins, Gironde et la Rochelle,
O sang Troyen! Mars au port de la Flesche,
Derrier le fleuve au fort mise l'eschelle,
Pointes feu grand meurtre sus la bresche.

62.

Mabus puis tost alors mourra, viendra,
De gens et bestes vne horrible defaicte,
Puis tout à coup la vengeance on verra,
Cent, main, soif, faim, quand courra la comete.

63.

Gaulois Ausone bien peu subiuguera,
Pau, Marne et Seine fera Perme l'yrie,

Partie I.

Qui le grand mur contre eux se dressera,
Du moindre au mur le grand perdra la vie.

64.

Seicher de faim, de soif, gent Geneuoise,
Espoir prochain viendra au deffaillir,
Sur point tremblant sera loy Geneuoise,
Classe au grand port ne se peut accueillir.

65.

Le parc enclin grande calamité,
Par l'Hesperie et in subre fera,
Le feu enef peste et captiuité,
Mercure en l'Arc Saturne fenera.

66.

Par grands dangiers le captif eschappé,
Peu de temps grand a fortune changee :
Dans le palais le peuple est attrappé,
Par bon augure la cité assiegee.

67.

Le blonds au nez forche viendra commettre
Par le duelle et chassera dehors,
Les exilez dedans fera remettre,
Aux lieux marins commettant les plus fors.

68.

De l'Aquilon les efforts seront grands,
Sur l'Occean sera la porte ouuerte :

CENTVRIE II.

Le regne en Lille sera reintegrand,
Tremblera Londres par voilles descouuerte.

69.

Le Roy Gaulois par la Celtique dextre,
Voyant discord de la grand Monarchie,
Sus les trois parts fera florir son sceptre.
Contre la cappe de la grand Hierarchie.

70.

Le dard du ciel fera son estendue,
Mors en parlant, grande execution,
La pierre en l'arbre la fiere gent rendue,
Bruit humain monstre purge expiation.

71.

Les exilez en Sicile viendront,
Pour deliurer de faim la gent estrange,
Au point du iour les Celtes luy faudront
La vie demeure à raison Roy se range.

72.

Armee Celtique en Italie vexee,
De toutes parts conflict et grande perte,
Romains fuis, ô Gaule repoulsee!
Pres du Thesin, Rubicon pugne incerte.

73.

Au lac Fucin de Benac le riuage,
Prins du Leman au port de l'Orguion,

Nay de trois bras predict bellique image,
Par trois couronnes au grand Endymion.

74.

De Sens, d'Autun viendront iusques au Rosne
Pour passer outre vers les monts Pyrennees,
La gent sortir de la marque d'Anconne,
Par terre et mer suiura à grand trainees.

75.

La voix ouye de l'insolite oyseau,
Sur le canon du respiral estage,
Si haut viendra du froment le boisseau,
Que l'homme d'homme sera Antropophage.

76.

Foudre en Bourgongne fera cas portenteux,
Que par engin oncques ne pourroit faire,
De leur senat sacriste fait boiteux,
Fera sçauoir aux ennemis l'affaire.

77.

Par arcs, feux, poix et par feux repoussez,
Cris, hurlements sur la minuit ouys:
Dedans sont mis par les rempars cassez,
Par canicule les traditeurs fuys.

78.

Le grand Neptune du profond de la mer,
De gent punique et sang gaulois meslé,

Les Isles à sang pour le tardif armer,
Plus luy nuira que l'occult' mal celé.

79.

La barbe crespe et noire par engin,
Subiuguera la gent cruelle et fiere,
Le grand CHIREN ostera du longin,
Tous les captifs par Seline baniere.

80.

Apres conflict du lesé l'eloquence,
Par peu de temps se trame faint repos,
Point l'on admet les grands à delivrance,
Des ennemis sont remis à propos.

81.

Par feu du ciel la cité presque aduste,
L'vrne menace encor Deucalion,
Vexees Sardaigne par la punique fuste,
Apres que Libra lairra son Phaeton.

82.

Par faim la proye fera loup prisonnier,
L'assaillant lors en extreme detresse,
Le nay ayant au devant le dernier,
Le grand n'eschappe au milieu de la presse.

83.

Le gros traffic d'vn grand Lyon changé,
La pluspart tourne en pristine ruine,

Proye aux soldars par pille vendangé,
Par Iura mont et Seueue bruine.

84.

Entre Campagne, Sienne, Flora, Tustie,
Six mois neuf iours ne pleuuera vne goutte,
L'estrange langue en terre Dalmatie,
Couurira sus, vastant la terre toute.

85.

Le vieux plain barbe soubs le statut seuere,
A Lyon faict dessus l'Aigle Celtique,
Le petit grand trop outre perseuere.
Bruit d'arbre au ciel, mer rouge Lygustique.

86.

Naufrage à classe pres d'onde Hadriatique,
La terre tremble esmeue sus l'air en terre mis.
Egypte tremble augment Mahometique,
L'Heraut soy rendre à crier est commis.

87.

Apres viendra des extremes contrees,
Prince Germain, sus le throsne doré;
La seruitude et eaux rencontrees,
La dame serue son temps plus n'adoré.

88.

Le circuit du grand faict ruineux,
Le nom septiesme du cinquiesme sera,

CENTVRIE II.

D'vn tiers plus grand l'estrange belliqueux,
Mouton Lutece Aix ne garentira.

89.

Vn Iour seront demis les deux grands maistres,
Leur grand pouuoir se verra augmenté,
La terre neuue sera en ses hauts estres,
Au sanguinaire le nombre raconté.

90.

Par vie et mort changé regne d'Hongrie,
La loy sera plus aspre que seruice;
Leur grand cité d'vrlemens plaincts et crie,
Castor et Pollux ennemis dans la lice.

91.

Soleil levant vn grand feu l'on verra,
Bruit et clarté vers Aquilon tendants,
Dedans le rond mort et cris l'on orra,
Par glaiue, feu, faim, mort les attendants.

92.

Feu couleurs d'or du ciel en terre veu,
Frappé du haut nay, faict cas meruelleux :
Grand meurtre humain : prinse du grand neueu,
Mort d'espectacles eschappé l'orgueilleux.

93.

Bien pres du Tymbre presse la Lybitine,
Vn peu deuant grand inondation :

Le chef du nef prins, mis à la sentine.
Chasteau, palais en conflagration.

94.

Grand Pau, grand mal pour Gaulois receura
Vaine terreur au maritin Lyon,
Peuple infini par la mer passera,
Sans eschapper vn quart d'un million.

95.

Les lieux peuplez seront inhabitables,
Pour champs auoir grande diuision,
Regnes liurez à prudents incapables,
Lors les grands freres mort et dissention.

96.

Flambeau ardant au ciel soir sera veu,
Pres de la fin et principes du Rosne,
Famine, glaiue, tard le secours pouruea,
La Perse tourne enuahir Macedoine.

97.

Romain Pontife garde de t'approcher
De la cité que deux fleuves arrouse,
Ton sang viendra aupres de là cracher,
Toy et les tiens quand fleurira la rose.

98.

Celuy du sang reperse le visage,
De la victime proche sacrifiee,

CENTVRIE II.

Tenant en Leo, augure par presage,
Mis estre à mort lors pour la fiancee.

99.

Terroir Romain qu'interpretoit augure,
Par gent Gauloise par trop sera vexee :
Mais nation Celtique craindra l'heure,
Boreas, classe trop loing l'auoir poussee.

100.

Dedans les isles si horrible tumulte,
Bien on norra qu'vne bellique brigue,
Tant grand sera des predateurs l'insulte,
Qu'on se viendra ranger à la grand ligue.

PROPHETIES
DE NOSTRADAMVS.

CENTVRIE III.

APRES combat et bataille naualle,
Le grand Neptune à son plus haut beffroy :
Rouge aduersaire de peur viendra palle,
Mettant le grand Occean en effroy.

2.

Le diuin Verbe donra à la substance,
Comprins ciel, terre, occult au laict mistique,

Corps, ame, esprit ayant toute puissance,
Tant soubz ses pieds comme au siege Celique.

3.

Mars et Mercure, et l'argent ioint ensemble,
Vers le Midy extreme siccité,
Au fond d'Asie on dira terre tremble,
Corinthe, Ephese lors en perplexité.

4.

Quand seront proches le deffaut des lunaires,
De l'vn à l'autre ne distant grandement,
Froid, siccité, dangers vers les frontieres,
Mesme où l'oracle a prins commencement.

5.

Pres loing defaut de deux grands luminaires,
Qui suruiendra entre l'Auril et Mars :
O quel cherté! mais deux grands debonnaires
Par terre et mer secourront toutes parts.

6.

Dans temple clos le foudre y entrera,
Les citadins dedans leur fort greuez :
Cheuaux, beufs, hommes, l'onde mur touchera
Par faim, soif, soubs les plus foibles armez.

7.

Les fugitifs, feu du ciel sus les piques,
Conflict prochain des corbeaux s'esbatans,

CENTVRIE III.

De terre on crie, ayde, secours celiques,
Quand pres des murs seront les combattans.

8.

Les Cimbres ioints avecques leurs voisins,
De populer viendrons presque l'Espaigne,
Gens amassez, Guienne et Limosins,
Seront en ligue, et leur feront compagne.

9.

Bourdeaux, Roüan, et la Rochelle ioints,
Tiendront autour la grande mer Occeane,
Anglois, Bretons, et les Flamans conioints,
Les chasseront iusqu'aupres de Roüane.

10.

De sang et faim plus grand calamité,
Sept fois s'appreste à la marine plage,
Monech de faim, lieu pris, captiuité,
Le grand mené croc enferee, cage.

11.

Les armes battre au ciel longue saison,
L'arbre au milieu de la cité tombé :
Verbine rongne, glaiue, en face tyson,
Lors le Monarque d'Hadrie succombé.

12.

Par la tumeur de Heb, Po, Tag, Timbre et Rosne,
Et par l'estang Leman et Aretin :

Les deux grands chefs et citez de Garonne,
Prins, morts, noyez, Partir humain butin.

13.

Par foudre en l'arche or et argent fondu,
De deux captifs l'vn l'autre mangera,
De la cité le plus grand estendu,
Quand submergee la classe nagera.

14.

Par le rameau du vaillant persónnage,
De France infime, par le pere infelice,
Honneurs, richesse, trauail en son viel aage,
Pour auoir creu le conseil d'homme nice.

15.

Cœur, vigueur, gloire le regne changera,
De tous points contre ayant son aduersaire :
Lors France, enfence par mort subiuguera,
Vn grand Regent sera lors plus contraire.

16.

Vn prince Anglois Mars à son cœur de ciel,
Voudra poursuiure sa fortune prospere :
De deux duelles l'vn percera le fiel,
Hay de luy bien aymé de sa mere.

17.

Mont Auentine brusler nuict sera veu,
Le ciel obscur tout à vn coup en Flandres,

CENTVRIE III.

Quand le monarque chassera son neueu,
Leur gens d'Eglise commettront les esclandres.

18.

Apres la pluye de laict assez longuette,
En plusieurs lieux de Rheims le ciel touché,
O quel conflict de sang pres d'eux s'appreste!
Pere et fils Roys n'oseront approché.

19.

En Luques sang et laict viendra plouuoir,
Vn peu deuant changement de preteur,
Grand peste et guerre, faim, et soif fera voir
Loin où mourra leur Prince recteur.

20.

Par les contrees du grand fleuue Bethique,
Loin d'Ibere au Royaume de Grenade,
Croix repoussees par gens Mahometiques,
Vn de Cordube trahira la contrade.

21.

Au Crustamin par mer Hadriatique,
Apparoistra vn horrible poisson,
De face humaine et la fin aquatique,
Qui se prendra dehors de l'hameçon.

22.

Six iours l'assaut deuant cité donné,
Liuree sera forte et aspres bataille,

Partie I. g

CENTVRIE III.

Trois la rendront, et à eux pardonné;
Le reste à feu et à sang tranché taille.

23.

Si France passe outre mer lygustique,
Tu te verras en isles et mer enclos,
Mahommet contraire, plus mer Hadriatique,
Cheuaux et Asnes tu rongeras les os.

24.

De l'entreprinse grande confusion,
Perte de gens, thresor innumerable :
Tu n'y dois faire encore tension,
France, à mon dire, fais que sois recordable.

25.

Qui au Royaume Nauarrois parviendra,
Quand la Sicile et Naples seront ioincts,
Bigore et Landes par fois Loron tiendra,
D'vn qui d'Espagne sera par trop enioinct.

26.

Des Roys et Princes dresseront simulacres,
Augures, creuz esleuez aruspices,
Corne victime doree et d'azur, d'acre,
Interpretez seront les extipices.

27.

Prince Libyque puissant en Occident,
François d'Arabe viendra tant enflammer,

CENTVRIE III.

Sçauant aux lettres fera condescendent,
La langue Arabe en François translater.

28.

De terre foible et pauure parentelle,
Par bout et paix paruiendra dans l'Empire,
Long temps regner vne ieune femelle,
Qu'oncques en regne n'en suruint vn si pire.

29.

Les deux neueux en diuers lieux nourris :
Naualle pugne, terre peres tombez,
Viendront si haut esleuez enguerris,
Venger l'iniure, ennemis succombez.

30.

Celuy qu'en luitte en fer au faict bellique
Aura porté plus grand que luy le pris :
De nuict au lict, six, luy feront la pique,
Nud sans harnois subit sera surpris.

31.

Aux champs de Mede, d'Arabe er d'Armenie,
Deux grands copies trois fois s'assembleront,
Pres du riuage d'Araxes la mesgnie,
Du grand Soliman en terre tomberont.

32.

Le grand sepulchre du peuple Aquitanique
S'approchera auprès de la Toscane,

CENTVRIE III.

Quand Mars sera pres du coing Germanique
Et au terroir de la gent Mantuane.

33.

En la cité où le loup entrera,
Bien pres de là les ennemis seront :
Copie estrange grand pays gastera,
Aux murs et Alpes les amis passeront.

34.

Quand le defaut du Soleil lors sera,
Sur le plain iour le monstre sera veu,
Tout autrement on l'interpretera,
Cherté n'a garde, nul n'y aura pourveu.

35.

Du plus profond de l'Occident d'Europe,
De pauures gens vu ieune enfant naistra,
Qui par sa langue séduira grande troupe,
Son bruit au regne d'Orient plus croistra.

36.

Enseuely non mort apop'etique,
Sera trouué auoir les mains mangees,
Quand la cité damnera l'heretique :
Qu'auoit leurs loix ce leur sembloit changees.

37.

Auant l'assaut l'oraison prononcee,
Milan prins d'Aigle par embusches deceus,

Muraille antique par canon enfoncee,
Par feu et sang à mercy peu receus.

38.

La gente Gauloise et nation estrange,
Outre les monts, morts, prins et profligez,
Au moins contraire et proche de vendange,
Par les Seigneurs en accord redigez.

39.

Les sept en trois seront mis en Concorde,
Pour subiuguer des Alpes Appennines,
Mais la tampeste et Ligure coüarde,
Les profligent en subites ruines.

40.

Le grand theatre se viendra redresser,
Les dez iettez, et les rets ia tendus,
Trop le premier en glaz viendra lasser,
Par arcs prostrais de longtemps ia fendus.

41.

Bossu sera esleu par le conseil,
Plus hideux monstre en terre n'apperceu,
Le coup voulant prela creuera l'œil,
Le traistre au Roy pour fidelle receu.

42.

L'enfant naistra à deux dents en la gorge,
Pierres en Tuscie par pluye tomberont,

Peu d'ans apres ne sera bled ni orge,
Pour saouler ceux qui de faim failliront.

43.

Gens d'alentour de Tarn, Loth et Garonne,
Gardez les monts Apennines passer,
Vostre tombeau pres de Rome et d'Anconne,
Le noir poil crespe fera trophee dresser.

44.

Quand l'animal à l'homme domestique,
Apres grands peines et sauts viendra parler,
De foudre à vierge sera si malefique,
De terre prinse et suspenduë en l'air.

45.

Les cinq estranges entrez dedans le temple,
Leur sang viendra la terre prophaner :
Aux Tholousains sera bien dur exemple,
D'vn qui viendra ses loix exterminer.

46.

Le ciel (de Plancus la cité) nous presage,
Par clercs insignes, et par estoille fixes,
Que de son change subit s'approche l'aage,
Ne pour son bien, ne pour ses malefices.

47.

Le vieux monarque dechassé de son regne,
Aux Oriens son secours ira querre :

Pour peur des croix ployra son enseigne,
En Mitylene ira par port et par terre.

48.

Sept cens captifs attachez rudement,
Pour la moitié meurtir, donné le sort,
Le proche espoir viendra si promptement,
Mais, non si tost qu'vne quinziesme mort.

49.

Regne Gaulois tu seras bien changé,
En lieu estrange est translaté l'empire :
En autres mœurs et loix seras rangé,
Rouan et Chartres te feront bien du pire.

50.

La republique de la grande cité,
A grand rigueur ne voudra consentir,
Roy sortir hors par trompette cité,
L'eschelle au mur, la cité repentir.

51.

Paris coniuré vn grand meurtre commettre,
Blois le fera sortir en plein effect :
Ceux d'Orleans voudront leur chef remettre,
Angers, Troyes, Langres, leur seront vn meffait.

52.

En la champaigne sera si longue pluye,
Et en la Poüille si grande siccité,
Coq verra l'Aigle, l'aisle mal accomplie,
Par Lyon mise sera en extremité.

53.

Quand le plus grand emportera le pris,
De Nuremberg, d'Ausbourg et ceux de Balle
Par Agrippine chef Frankfort repris,
Trauerseront par Flament iusqu'en Galle.

54.

L'vn des plus grands fuyra aux Espaignes,
Qu'en longue playe apres viendra saigner,
Passant copies par les hautes montaignes
Deuastant tout, et puis en paix reguer.

55.

En l'an qu'vn œil en France regnera,
La cour sera en vn bien fascheux trouble,
Le grand de Bloys son amy tuera,
Le regne mis en mal et doubte double.

56.

Montauban, Nismes, Auignon et Besiers,
Peste, tonnerre et gresle à fin de Mars,
De Paris pont, Lyon mur, Montpellier,
Depuis six cens et sept-vingt trois pars.

57.

Sept fois changer verrez gent britannique,
Taints en sang en deux cens nonante an,
Franche non point par appuy germanique,
Aries doubte son pole bastarnan.

58.

Aupres du Rhin des montaignes noriques,
Naistra vn grand de gens trop tard venu,

CENTVRIE III.

Qui defendra Saurome et Pannonique,
Qu'on ne sçaura qu'il sera deuenu.

59.

Barbare empire par le tiers vsurpé,
La plus grand part de son sang mettra à mort,
Par mort senile par luy le quart frappé,
Pour peur que sang par le sang ne soit mort.

60.

Par toute Asie grande proscription,
Mesmes en Mysie, Lysie et Pamphylie :
Sang versera par absolution,
D'vn ieune noir rempli de felonnie.

61.

La grande bande et secte crucigere,
Se dressera en Mesopotamie,
Du proche fleuue compagnie legere,
Que telle loy tiendra pour ennemie.

62.

Proche del duero par mer Tyrrenne close,
Viendra percer les grands monts Pyrenees,
La main plus courte et sa percee gloze,
A Carcassonne conduira ses menees.

63.

Romain pouuoir sera du tout à bas,
Son grand voisin imiter les vestiges :
Occultes haines civiles et debats,
Retarderont aux bouffons leurs folies,

CENTVRIE III.

64.

Le chef de Perse remplira grande Olchade,
Classe trireme contre gent mahometique,
De Parthe et Mede, et piller les Cyclades,
Repos longtemps au grand port Ionique.

65.

Quand le sepulchre du grand Romain trouué,
Le iour apres sera esleu Pontife,
Du Senat gueres il ne sera prouué,
Empoisonné, son sang au sacré scyphe.

66.

Le grand Baillif d'Orleans mis à mort,
Sera par vn de sang vindicatif,
De mort merite ne mourra ne par sort,
Des pieds et mains mal le faisoit captif.

67.

Vne nouuelle secte de Philosophes,
Mesprisant mort, or, honneurs et richesses,
Des monts germains ne seront limitrophes,
A les ensuiure auront appuy et presses.

68.

Peuple sans chef d'Espaigne, d'Italie,
Morts, profligez dedans le Cheronese,
Leur duict trahi par legere folie,
Le sang nager par tout à la traverse.

69.

Grand exercite conduict par iouuenceau,
Se viendra rendre aux mains des ennemis,

CENTVRIE III.

Mais le vieillard nay au demy pourceau,
Fera Chalon et Mascon estre amis.

70.

La grand Bretaigne comprinse d'Angleterre,
Viendra par eaulx si haut à inonder.
La ligue neuue d'Ausonne fera guerre,
Que contre eux ils se viendront bander.

71.

Ceux dans les Isles de long temps assiegez,
Prendront vigueur, force contre ennemis :
Ceux par dehors morts de faim profligez,
En plus grand faim que iamais seront mis.

72.

Le bon vieillard tout vif enseuely,
Pres du grand fleuue par fausse soupçon :
Le nouueau vieux de richesse ennobly,
Prins à chemin tout l'or de la rançon.

73.

Quand dans le regne paruiendra le boiteux,
Competiteur aura proche bastard,
Luy et le regne viendront si fort roigneux,
Qu'ains qu'il guerrisse son faict sera bien tard.

74.

Naples, Florence, Fauence et Imole,
Seront en termes de telle fascherie,
Que pour complaire aux malheureux de Nolle,
Plainct d'avoir faict à son chef moquerie.

CENTVRIE III.

75.

Pau, Verone, Vincence, Sarragousse,
De glaiues loings, terroirs de sang humides,
Peste si grande viendra à la grand gousse,
Proche secours, et bien loing les remedes.

76.

En Germanie naistront diuerses sectes,
S'approchant fort de l'heureux paganisme,
Le cœur captif et petites receptes,
Feront retour à payer le vrai disme.

77.

Le tiers climat sous Aries comprins,
L'an mil sept cens vingt et sept en Octobre,
Le Roy de Perse par ceux d'Egypte prins.
Conflit, mort, perte, à la croix grand opprobre,

78.

Le chef d'Escosse auec six d'Allemagne,
Par gens de mer orientaux captif:
Trauerseront le Calpre et Espagne,
Present en Perse au nouueau Roy craintif.

79.

L'ordre fatal sempiternel par chaisne,
Viendra tourner par ordre consequent:
Du port Phocen sera rompue la chaisne,
La cité prinse, l'ennemy quant et quant.

80.

Du regne anglois le digne dechassé,
Le conseiller par ire mis à feu,

CENTVRIE III.

Ses adherans iront si bas tracer,
Que le bastard sera demy receu.

81.

Le grand criard sans honte audacieux,
Sera esleu gouuerneur de l'armee:
La hardiesse de son contentieux,
Le pont rompu, cité de peur pasmee.

82.

Erins, Antibor, villes autour de Nice,
Seront vastees fort par mer et terre:
Les saturelles terre et mer vent propice,
Prins, morts, troussez, pillez, sans loy de guerre.

83.

Les longs cheueux de la Gaule celtique,
Accompagnez d'estranges nations,
Mettront captif la gent aquitanique,
Pour succomber à leurs intentions.

84.

La grand' cité sera bien desolee,
Des habitans vn seul n'y demourra:
Mur, sexe, temple et vierge violee,
Par fer, feu, peste, canon peuple mourra.

85.

Par cité prinse par tromperie et fraude,
Par le moyen d'vn beau ieune attrapé,
Assaut donné Raubine pres de LAUDE,
Luy, et tous morts pour auoir bien trompé.

Partie I.

86.

Vn chef d'Ausonne aux Espaignes ira,
Par mer fera arrest dedans Marseille,
Auant sa mort vn long temps languira,
Apres sa mort on verra grand merueille.

87.

Classe gauloise n'approche de Corseigne,
Moins de Sardaigne tu t'en repentiras,
Trestous mourrez frustrez de l'aide grogne.
Sang nagera, captif ne me croiras.

88.

De Barcelonne par mer si grand' armee,
Toute Marseille de frayeur tremblera :
Isles saisies de mer ayde fermee,
Ton traditeur en terre nagera.

89.

En ce temps là sera frustree Cypres,
De son secours de ceux de mer Egee :
Vieux trucidez, mais par masles et lyphres,
Seduict leur Roy, Royne plus outragee.

90.

Le grand Satyre et Tygre d'Hircanie,
Don presenté à ceux de l'Occean :
Vn chef de classe istra de Carmanie,
Qui prendra terre au Tyrren Phocean.

91.

L'arbre qu'estoit par longtemps mort seiché
Dans vne nuict viendra à reuerdir,

CENTVRIE III.

сron. Roy malade, Prince pied estaché,
Craint d'ennemis fera voile bondir.

92.

Le monde proche du dernier periode,
Saturne encore tard sera de retour :
Translat empire deuers nation Brodde,
L'œil arraché à Narbon par autour.

93.

Dans Auignon tout le chef de l'Empire,
Fera arrest pour Paris desolé :
Tricast tiendra l'annibalique ire,
Lyon par change sera mal consolé.

94.

De cinq cens ans plus compte l'on tiendra,
Celui qu'estoit l'ornement de son temps ;
Puis à vn coup grande clarté donra,
Que par ce siecle les rendra tres contens.

95.

La loy Morricque on verra deffaillir,
Apres vne autre beaucoup plus seductiue :
Boristhennes premier viendra faillir,
Par dons et langue vne plus attractiue.

96.

Chef defossan aura gorge coupee,
Par le ducteur du limier et leurier :
Le fait patré par ceux du mont Tarpee,
Saturne en Leo xiij de Feurier.

h 2

97.

Nouuelle Loy terre neuue occuper,
Vers la Syrie, Iudee et Palestine :
Le grand empire barbare corruer,
Auant que Phebés son siecle determine.

98.

Deux royals freres si fort guerroyeront,
Qu'entre eux sera la guerre si mortelle,
Qu'vn chacun places fortes occuperont,
De regne et vie sera leur grand querelle.

99.

Aux champs herbeux d'Alein et du Varneigne,
Du mont Lebron proche de la Durance,
Camps de deux parts conflict sera si aigre,
Mesopotamie defaillira en France.

100.

Entre Gaulois le dernier honoré,
D'homme ennemy sera victorieux,
Force et terroir en moment exploré,
D'vn coup de traict quand mourra l'enuieux.

PROPHETIES
DE NOSTRADAMVS.
CENTVRIE IV.

CELA du reste de sang non espandu,
Venise quiert secours estre donné,
Apres avoir bien long temps attendu,
Cité liurée au premier cor sonné.

2.

Par mort la France prendra voyage à faire,
Classe par mer, marcher monts Pirenees,
Espaigne en trouble, marcher Gent militaire :
Des plus grands Dames en France emmenees.

3.

D'Arras et Bourges, de Brodes grands enseignes
Vn plus grand nombre de Gascons battre à pied,
Ceux long du Rosne seigneront les Espaignes
Proche du mont où Sagonte s'assied.

4.

L'impotent Prince fasché, plaincts et querelles
De rapts et pillé, par coqz et par libyques :
Grand est par terre par mer infinies voilles,
Seule Italie sera chassant Celtiques.

5.

Croix paix, soubz un accomply diuin Verbe,
L'Espaigne et Gaule seront unis ensemble:
Grand clade proche, et combat tres acerbe,
Cœur si hardy ne sera qui ne tremble.

6.

D'habits nouueaux apres faicte la treuue,
Malice trame et machination.
Premier mourra qui en fera la preuue,
Couleur Venise insidiation.

7.

Le mineur fils du grand et hay Prince,
De lepre aura à vingt ans grande tache,
De deuil sa mere mourra bien triste et mince,
Et il mourra là où tombe chef lache.

8.

La grand cité d'assaut prompt repentin,
Surprins de nuict, garde interrompus:
Les excubies et veilles sainct Quentin,
Trucidez gardes et les portails rompus.

9.

Le chef du camp au milieu de la presse,
D'vn coup de flesche sera blessé aux cuisses,
Lorsque Geneue en larmes et detresse,
Sera trahie par Lozan et Souysses.

10.

Le ieune Prince accusé faulsement,
Mettra en trouble le camp et en querelles:

Meurtry le chef pour le soustenement,
Sceptre appaiser, puis guerir escrouelles.

11.
Celuy qu'aura couuert de la grand cappe,
Sera induict à quelque cas patrer,
Les douze roug.s viendront souiller la nappe,
Soubz meurtre, meurtre se viendra perpetrer.

12.
Le camp plus grand de route mis en fuite,
Gueres plus outre ne sera pourchassé,
Ost', recampé, et legion reduicte,
Puis hors des Gaules du tout sera chassé.

13.
De plus grand perte nouuelles rapportees,
Le rapport faict le camp s'estonnera,
Bandes vnies encontre reuoltees,
Double phalange, grand abandonnera.

14.
La mort subite du premier personnage
Aura changé et mis vn autre au regne:
Tost, tard venu à si haut et bas aage,
Que terre et mer faudra que on le craigne.

15.
D'où pensera faire venir famine,
De là viendra le rassasiement,
L'œil de la mer par auare canine,
Pour de l'vn l'autre donra huyle froment.

CENTVRIE IV.

16.

La cité franche de liberté fait serue,
Des profligez et resueurs fait asyle,
Le Roy changé à eux non si proterue,
De cent seront deuenus plus de mille.

17.

Changer à Beaune, Nuy, Chalons et Dijon.
Le Duc voulant amender la baree,
Marchant pres fleuue, boisson, bec de plongeon,
Verra la queüe : porte sera serree.

18.

Des plus lettrez dessus les faicts célestes,
Seront par Princes ignorans reprouuez,
Punis d'edict, chassez, comme scelestes,
Et mis à mort là où seront trouuez.

19.

Deuant Roüand d'Insubre mis le siege,
Par terre et mer enfermez les passages,
D'Haynaut et Flandres, de Gand et ceux de Liege
Par dons lenees rauiront les riuages.

20.

Paix vberté long temps lieu loüera,
Par tout son regne deseit la fleur de lys,
Corps mort d'eau, terre là l'on appoitera
Sperants uain heure d'estre là enseuelis.

21.

Le changement sera fort difficile,
Cité, prouince au change gain fera,

Cœur haut, prudent mis, chassé luy habile,
Mer terre peuple son estat changer.

22.

La grand copie qui sera dechassee,
Dans vn moment fera besoing au Roy;
La foy promise de loing sera faussee,
Nud se verra en piteux desarroy.

23.

La legion dans la marine classe
Calcine, Maignes soulphre, et poix bruslera :
Le long repos de lasseuree place,
Port Selyn, Herc.e feu les consumera.

24.

Ouy soubs terre saincte dame voix fainte,
Humaine flamme pour diuine voire luire :
Fera des seuls de leur sang terre tainte,
Et les saincts temples pour les impurs destruire.

25.

Corps sublimes sans fin à l'œil visible.
Obnubiler viendront par ces raisons,
Corps, front comprins ; sens chef et inuisibles,
Diminuant les sacrees oraisons.

26.

Lou grand cyssame se leuera d'abelhos,
Que non sauran don te siegen venguddos,
Denuech l'embousq, lou gach dessous las treilhos.
Ciutad trahido pêr cinq lengos non nudos.

27.

Salon, Mansol, Tarascon de SEX, l'arc,
Où est debout' encore la piramide :
Viendront liurer le Prince Dannemarc,
Rachat honny au temple d'Artemide.

28.

Lors que Venus du Sol sera couuert,
Sus l'esplendeur sera forme occulte :
Mercure au feu, les aura descouuert,
Par bruit bellique sera mis à l'insulte.

29.

Le sol caché eclipse par Mercure,
Ne sera mis que pour le ciel second :
De Vulcan Hermes sera faicte pasture,
Sol sera veu pur, rutilant et blond.

30.

Plus onze fois Luna Sol ne voudra,
Tous augmentez et baissez de degré :
Et si bas mis que peu or on coudra,
Qu'après faim, peste, descouuert le secret.

31.

La Lune au plain de nuict sur le haut mont,
Le nouueau Sophir d'un seul cerueau l'a veu.
Par ses disciples estre immortel semond,
Yeux au midy, en seins, mains, corps au feu.

32.

Es lieux et temps chair au poisson donra lieu,
La loy commune sera faicte au contraire :

Vieux tiendra fort puis osté du milieu,
Le Panta chiona Philon mis fort arriere.

33.

Iupiter ioinct plus Venus qu'à la Lune,
Apparoissant de plenitude blanche :
Venus cachee sous la blancheur Neptune,
De Mars frappee par la grauee blanche.

34.

Le grand mené captif d'estrange terre,
D'or enchainé au Roi CHIREN offert,
Qui dans Ausone, Millan, perdra la guerre,
Et tout son os mis à feu et à fer.

35.

Le feu estaint, les vierges trahiront,
La plus grand part de la bande nouuelle,
Foudre à fer, lance les seuls Roy garderont,
Eutrusque et Corse, de nuict gorge allumelle.

36.

Les ieux nouueaux en Gaule redressez,
Apres victoire de l'Insubre Champagne :
Monts d'Esperie, les grands liez, troussez,
De peur trembler la Romagne et l'Espagne.

37.

Gaulois par sault, monts viendra penetrer,
Occupera le grand lieu de l'Insubre,
Au plus profond son ost fera entrer,
Gennes, Monech pousseront classe rubre.

38.

Pendant que Duc, Roy Royne occupera,
Chef Byzantin captif en Samothrace,
Auant l'assaut l'vn l'autre mangera,
Rebours ferré suyura du sang la trace.

39.

Les Rhodiens demanderont secours,
Par le neglet de ses hoirs delaissee,
L'empire arabe reualera son cours,
Par Hesperies la cause redressee.

40.

Les forteresses des assiegez serrez,
Par poudre à feu profondez en abysme,
Les proditeurs seront tous vifs serrez,
Onc aux sacristes n'aduint si piteux sisme.

41.

Gymnique sexe captiue par hostage,
Viendra de nuict custodes deceuoir,
Le chef du camp deçeu par son langage,
Lairra à la gente, fera piteux à voir.

42.

Geneue et Langres par ceux de Chartres et Dole,
Et par Grenoble captif au Montlimard,
Seyslet, Losanne, par fraudulente dole,
Les trahiront par or, soixante marc.

43.

Seront ouys au Ciel les armes battre :
Celuy an mesme les diuins ennemis,

Voudront

Voudront loix sainctes iniustement debattre,
Par foudre et guerre bien croyns à mort mis.

44.

Deux gros de Mende, et de Roudes et Milhau
Cahours, Limges, Castres malo sepmano
Denuech l'intrado, de Bourdeaux vn caihau,
Par Perigort au toc de la campano.

45.

Par conflict Roy regne abandonnera,
Le plus grand chef faillira au besoing,
Morts profligez peu en rachapera,
Tous d'estrangez, vn en sera tesmoing.

46.

Bien deffendu le faict par excellence,
Garde toy Tours de ta proche ruine,
Londres et Nantes par Reims fera deffence,
Ne passe outre au temps de la bruine.

47.

Le noir farouche quand aura essayé,
Sa main sanguine par feu, fer, arcs tendus,
Trestout le peuple sera tant effrayé,
Voir les plus grans par col et pieds pendus.

48.

Planure Ausonne fertile, spacieuse
Produira taons si tant de sauterelles,
Clarté solaire deuiendra nubileuse,
Ronger le tout, grand peste venir d'elles.

Partie I.

CENTVRIE IV.

49.
Deuant le peuple sang sera respandu,
Que du haut ciel ne viendra esloigner,
Mais d'vn long temps ne sera entendu,
L'esprit d'vn seul le viendra tesmoigner.

50.
Libra verra regner les Hesperies,
De ciel et terre tenir la Monarchie,
D'Asie forces nul ne verra peries,
Que sept ne tienne par rang la hierarchie.

51.
Vn Duc cupide son ennemy ensuyure,
Dans entrera empeschant la phalange,
Hastez à pied si pres viendront poursuiure,
Que la iournee conflite pres de Gange.

52.
En cité obsesse aux murs hommes et femmes,
Ennemis hors le chef prest à soy rendre:
Vent sera fort en contre les gendarmes,
Chassez seront par chaux, poussiere et cendre.

53.
Les fugitifs et bannis reuoquez,
Peres et fils grand garnissant les hauts puits,
Le cruel pere et les siens suffoquez:
Son fils plus pire submergé dans le puits.

54.
Du nom qui onques ne fut au Roy gaulois,
Iamais ne fut vn foudre si craintif,

CENTVRIE IV.

Tremblant l'Italie, l'Espaigne et les Anglois,
De femmes estranges grandement attentif.

55.

Quand la corneille sur tout de brique ioincte,
Durant sept heures ne fera que crier;
Mort presage de sang statue taincte,
Tyran meurtry, aux Dieux peuple prier.

56.

Apres victoire de rabieuse langue,
L'esprit tempte en tranquil et repos,
Victeur sanguin par conflict fait harangue,
Roustir la langue et la chaire et les os.

57.

Ignare enuie du grand Roy supportee,
Tiendra propos deffendre les escripts;
Sa femme non femme par vn autre tentee,
Plus double, deux ne feront fort ne criz.

58.

Soleil ardent dans le gosier coller,
De sang humain arrouser terre Etrusque,
Chef seille d'eau, mener son fi's filer,
Captiue dame conduicte en terre turque.

59.

Deux assiegez en ardente feruenr,
De soif estaincts pour deux plaines tasses,
Le fort limé et vn vieillard resueur,
Aux Geneuois de Nira monstra trasses.

60.

Les sept enfans en hostage laissez,
Le tiers uiendra son enfant trucider :
Deux par son fils seront d'estoc percez,
Gennes, Florence, lors viendra inconder.

61.

Le vieux mocqué et priué de sa place,
Par l'estranger qui le subornera,
Mains de son fi's mangees devant sa face,
Le frere à Chartres, Orl. Rouan trahira.

62.

Vn coronel machine ambition,
Se saisira de la plus grande armee,
Contre son Prince fainte inuention,
Et descouuert sera soubs sa ramee.

63.

L'armee celtique contre les montaignars,
Qui seront sceuz et prins à la pipee :
Paysans fresez pousseront tost faugnars,
Precipitez tous au fil de l'espee.

64.

Le defaillant en habit de bourgeois,
Viendra le Roy tenter de son offence :
Quinze soldats la plupart Vstageois,
Vie derniere et chef de sa cheuance.

65.

Au deserteur de la grand'forteresse,
Apres qu'aura son lieu abondonné,

Son aduersaire fera si grand prouesse,
L'Empereur tost mort sera condamné.

66.

Sous couleur fainte de sept testes rasees
Seront semez diuers explorateurs,
Puits et fontaines de poisons arrousees,
Au fort de Gennes humains deuorateurs.

67.

Lors que Saturne et Mars esgaux combust,
L'air fort seiché longue traiection,
Par feux secrets d'ardeur grand lieu adust,
Peu pluye, vent chault, guerres, incursions.

68.

En lieu bien proche non esloigné de Venus,
Les deux plus grands de l'Asie et d'Affrique,
Du Ryn et Hster qu'on dira sont venus,
Cris, pleurs à Malte et coste Ligustique.

69.

La cité grande les exilez tiendront,
Les citadins morts, meurtris et chassez :
Ceux d'Aquilee à Parme promettront,
Monstrer l'entree par les lieux non trassez.

70.

Bien contigue des grands monts Pyrenees,
Vn contre l'Aigle grand copie addresser,
Ouuerte veines, forces exterminees,
Que iusqu'à Pau le chef viendra chasser.

71.

En lieu d'espouse les filles trucidees,
Meurtre à grand faute ne sera superstile,
Dedans le puits vestules inondees,
L'espouse estainte pur hauste d'Aconile.

72.

Les Artomiques par Agen et l'Estore,
A Saint Felix feront leur parlement :
Ceux de Basas viendront à mal'heure,
Saisir Condon et Marsan promptement.

73.

Le nepueu grand par force prouuera,
Le pache fait du cœur pusillanime :
Ferrare et Ast le duc esprouuera,
Par lors qu'au soir sera le pantomime.

74.

Du lac Limon et ceux de Brannonices,
Tous assemblez contre ceux d'Aquitaine,
Germains beaucoup, encore plus Souisses,
Seront desfaicts auec ceux d'Humaine.

75.

Prest à combattre fera sa defection,
Chef aduersaire obtiendra la victoire :
L'arriere garde fera defension :
Les defaillans mort au blanc territoire.

76.

Les Nictobriges par ceux de Perigord,
Seront vexez, tenant jusques au Rosne,

L'associé de Gascon et Begorne,
Trahir le temple, le Prestre estant au prosne.

77.

Selin monarque l'Itale pacifique,
Regnes vnis, Roy chrestien du monde,
Mourant voudra coucher terre blesique,
Apres pyrate avoir chassé de l'onde.

78.

Le grand'armee de la pugne ciuile,
Pour de nuict parme à l'estrange trouuee,
Septante neuf meurtris dedans la ville,
Les estrangers passez tout à l'espee.

79.

Sang royal fuis, Monhurt, Mas, Eguillon,
Remplis seront Bourdelois les Landes,
Nauarre Bygorre poinctes et eguillons,
Profonds de faim, vorer de Liege glandes.

80.

Pres du grand fleuue grand fosse, terre egeste,
En quinze pars sera l'eau diuisee :
La cité prinse, feu, sang, cris, conflict mœste,
Et la plus part concerné au collisee.

81.

Pont on fera promptement de nacelles,
Passer l'armee du grand Prince belgique,
Dans profonderez, et non loin de Brucelles,
Outre passez, detranchez sept à pique.

82.

Amas s'approche venant d'Esclauonie,
L'Olestant vieux cité ruynera,
Fort desolee verra la Romanie,
Puis la grand' flamme estaindre ne sçaura.

83.

Combat nocturne le vaillant Capitaine
Vaincu fuyra peu de gens profligé :
Son peuple esmeu, sedition non vaine,
Son prope fils le tiendra assiegé.

84.

Vn grand d'Auxerre mourra bien miserable,
Chassé de ceux qui sous luy ont esté :
Serré de chaines apres d'un rude cable,
En l'an que Mars, Venus et Sol mis en esté.

85.

Le charbon blanc du noir sera chassez,
Prisonnier faict mené au tombereau :
More chameau sus pieds entrelassez,
Lors le puisne sillera l'auberau.

86.

L'an que Saturne en eau sera conioint,
Auecques Sol, le Roy fort et puissant,
A Reims et Aix sera receu et oingt,
Apres conquestes meurtrira innocent.

87.

Vn fils du Roy tant de langue apprins,
A son aisné au regne different :

CENTVRIE IV. 109

Son pere beau au plus grand fils comprins,
Fera perir principal adherant.

88.

Le grand Antoine du nom de faict sordide
De Phthyriase à son dernier rongé :
Vn qui de plomb voudra estre cupide,
Passant le port d'esleu sera plongé.

89.

Trente de Londres secret coniureront,
Contre leur Roy, sur le pont l'entreprinse
Luy satalites la mort desgouteront,
Vn Roy esleu blonde, natif de Frize.

90.

Les deux copies aux murs ne pourront ioindre
Dans cest instant trembler Milan, Ticin :
Faim, soif doutance si fort les viendra poindre
Chair, pain, ne viures n'auront un seul boucin.

91.

Au Duc Gaulois contrainct battre au duelle,
La nef Melle le Monech n'approchera,
Tort accusé, prison perpetuelle,
Son fils regner auant mort taschera.

92.

Teste tranchee du vaillant Capitaine,
Sera iettee deuant son aduersaire :
Son corps pendu de la classe à l'entenne,
Confus fuira par rames à vent contraire.

CENTVRIE IV.

93.
Vn serpent veu proche du lit royal,
Sera par dame nuict chien n'abayeront:
Lors naistre en France vn Prince tant loyal,
Du ciel venu tous les Princes verront.

94.
Deux grands freres seront chassez d'Espaigne,
L'aisné vaincu sous les monts Pyrenees:
Rougir mer, Rosne, sang Leman d'Alemaigne,
Narbon, Blyterre, d'Agath, contaminees.

95.
Le regne à deux laissé bien peu tiendront,
Trois ans sept mois passez feront la guerre:
Les deux restales contre rebelleront,
Victor puisnay en Armorrique terre.

96.
La sœur aisnee de l'Isle Britannique
Quinze ans deuant le frere aura naissance:
Par son promis moyennant verifique,
Succedera au regne de balance.

97.
L'an que Mercure, Mars, Venus retrograde,
Du grand Monarque la ligne ne faillir,
Esleu du peuple l'vsitant pres de Gahdole,
Qu'en paix et regne viendra fort enuieillir.

98.
Les Albanois passeront dedans Rome,
Moyennant tang Demiples affublez,

CENTVRIE IV.

Marquis et Duc ne pardonne à homme,
Feu, sang, morbilles point d'eau, faillir les blez.

99.

L'aisné vaillant de la fille du Roy,
Respoussera si profond les Celtiques,
Qu'il mettra foudres, combat en tel arroy,
Peu et loing pris profond és Hesperiques.

100.

De feu celesté au nouueau edifice,
Quand la lumiere de Mars defaillira,
Sept mois grand guerre, mort gent de malefice,
Roüan, Eureux au Roy ne faillira.

PROPHETIES
DE NOSTRADAMVS.

CENTVRIE V.

Avant venuë de ruine Celtique,
Dedans le temple deux parlementeront,
Poignard, cœur d'un monté au coursier, et picque,
Sans faire bruit le grand enterreront.

2.

Sept coniurés au banquet feront luire,
Contre les trois le fer hors de nature :

L'vn des deux classes au grand fera conduire,
Quand par le mal, dernier au front luy tire.

3.

Le successeur de la Duché viendra,
Beaucoup plus outre que la mer de Toscane :
Gauloise branche en Florence tiendra,
Dans son giron d'accord nautique Rane.

4.

Le gros mastin de cité dechassé,
Sera fasché de l'estrange alliance,
Apres aux champs auoir le serf chassé,
Le Loup et l'Ours se donront defiance.

5.

Sous ombre faincte d'oster de seruitute,
Peuple et cité l'vsurpera luy mesme :
Pire fera par fraux de ieune pute,
Liuré au champ lisant le faux proësme.

6.

Au Roy l'augur sur le chef la main mettre,
Viendra prier pour la paix Italique :
A la main gauche viendra changer le sceptre,
Du Roy viendra Empereur pacifique.

7.

Du Triumuir seront trouuez les os,
Cherchant profond thresor œnigmatique :
Ceux d'alentour ne seront en repos,
Ce concauer marbre et plomb metalique.

CENTVRIE V.

8.
Sera laissé feu vif, mort caché,
Dedans les globes horrible, espouuentable :
De nuict à classe cité en poudre lasché,
La cité à feu, l'ennemy fauorable.

9.
Iusques au fond la grand arq demoluë,
Par chef captif l'amy anticipé :
Naistra de dame fronc face cheueluë,
Lors par astuce Duc à mort attrapé.

10.
Vn chef Celtique dans le conflict blessé,
Auprés de caue voyant siens mort abbattre,
De sang et playes et d'ennemis pressé,
Et secourus par incogneus de quatre.

11.
Mer par solaires seure ne passera,
Ceux de Venus tiendront toute l'Affrique :
Leur regne plus Saturne n'occupera,
Et changera la part Asiatique.

12.
Auprés du lac Leman sera conduite,
Par garse estrange cité voulant trahir :
Auant son meurtre à Ausbourg la grande suite,
Et ceux du Rhin la viendront inuahir.

13.
Par grand fureur le Roy Romain Belgique,
Vexer voudra par phalange barbare :

Partie I. k

Fureur grinssant chassera gent Libique,
Depuis Pannons iusques Hercules la hare.

14.

Saturne et Mars en Leo Espagne captifue,
Par chef libique au conflict attrapé :
Proche de Malthe, Heredde prinse viue,
Et Romain sceptre sera par Coq frappé.

15.

En nauiguant captif prins grand Pontife,
Grand apprets faillir les clercs tumultué :
Second esleu absent son bien debife,
Son fauori bastard à mort tué.

16.

A son hault pris plus la lerme sabee,
D'humaine chair par mort en cendre mettre,
A l'Ile Pharos par croisars pertubee,
Alors qu'à Rhodes paroistra dur espectre.

17.

De nuict passant pres d'vne Andronne,
Celuy de Cypres et principale guerre :
Le Roy la failly, main fut longue du Rosne,
Les coniurés l'iront à mort mettre.

18.

De Dueil mourra l'infélix profligé,
Celebrera son vitrix l'hecatombe :
Pristine loy, franc edit redigé,
Le mur et Prince au septiesme iour tombé.

CENTVRIE V.

19.
Le grand Royal d'or, d'airain augmenté,
Rompu la pache, par jeune ouuerte guerre :
Peuple affligé par un chef lamenté,
De sang barbare sera couuerte terre.

20.
Delà les Alpes grande armee passera,
Vn peu deuant naistra monstre vapin :
Prodigieux et subit tournera,
Le grand Tosquan à son lieu plus propin.

21.
Par le trespas du Monarque Latin,
Ceux qu'il aura par regne secourus
Le feu luyra diuisé le butin,
La mort publique aux hardis incourus.

22.
Auant qu'à Rome grand aye rendu l'ame,
Effrayeur grande à l'armee estrangere :
Par esquadrons l'embusche pres de Parme,
Puis les deux rouges ensemble feront chere.

23.
Les deux contens seront vnis ensemble,
Quand la pluspart à Mars seront conioinct :
Le grand d'Affrique en effrayeur et tremble,
DVVMVIRAT par c'asse desioinct.

24.
Le regne et loy sous Venus esleué,
Saturne aura sus Iupiter empire :

La loy et regne par le Soleil leué,
Par Saturnis endurera le pire.

25.

Le Prince Arabe, Mars, Sol, Venus, Lyon,
Regne d'Eglise par mer succombera,
Deuers la Perse bien pres d'vn million,
Bisance, Egipte, ver. serp. inuadera.

26.

La gent esclaue par un heur martiale,
Viendra en haut degré tant esleuee,
Changeront Prince, naistra vn Prouincial,
Passer la mer copie aux monts leuee.

27.

Par feu et armes non loing de marnegro,
Viendra de Perse occuper Trebisonde :
Trembler Phato, Methelin, Sol alegro,
De sang Arabe d'Adrie couuert onde.

28.

Le bras pendant à la iambe liee,
Visage pasle, au sein poignard caché :
Trois qui seront iurez de la meslee,
Au grand de Gennes sera le fer lasché.

29.

La liberté ne sera recouuree,
L'occupera noir, fier, vilain, inique,
Quand la matiere du pont sera ouuree,
D Hister, Venise faschee la republique.

30.

Tout à l'entour de la grande cité,
Seront soldats logez par champs et ville :
Donner l'assaut Paris, Rome incité,
Sur le pont lors sera faicte grand pille.

31.

Par terre Artique chef de la sapience,
Qui de present est la rose du monde :
Pont ruiné, et sa grand'preeminence,
Sera subdite et naufrage des ondes.

32.

Où tout bon est, tout bien Soleil et Lune,
Est abondant, sa ruine s'approche :
Du Ciel s'aduance de vaner ta fortune
En mesme estat que la septieme roche.

33.

Des principaux de cité rebellee
Qui tiendront fort pour liberté r'auoir,
Detrancher males, infelice meslee,
Cris, hurlements à Nantes piteux voir.

34.

Du plus profond de l'Occident anglois,
Où est le chef de l'Isle britanique :
Entrera classe dans Gyronde par Blois,
Par vin et sel, feux cachez aux barriques.

35.

Par cité franche de la grand mer Seline,
Qui porte encores à l'estomach la pierre,

Angloise classe viendra sous la bruine,
Vn rameau prendre du grand ouuerte guerre.

36.

De sœur le frere par simulte faintise,
Viendra mesler rosee en myneral :
Sur la placente donne à vieille tardiue,
Meurt, le goustant sera simple et rural.

37.

Trois cent seront d'vn vouloir et accord,
Que pour venir au bout de leur atteinte :
Vingt mois apres tous et records,
Leur Roy trahy simulant haine fainte.

38.

Ce grand Monarque qu'au mort succedera,
Donnera vie illicite et lubrique,
Par nonchalance à tous concedera,
Qu'à la parfin faudra la loy Salique.

39.

Du vray rameau de fleurs de lys yssu,
Mis et logé heritier d'Hetrurie :
Son sang antique de longue main tissu,
Fera Florence florir en l'armoirie.

40.

Le sang royal sera si tres meslé,
Contraincts seront Gaulois de l'Hesperie :
On attendra que terme soit coulé,
Et que memoire de la voix soit peiie.

41.

Nay sous les ombres et iournee nocturne,
Sera en regne et bonté souueraine :
Fera renaistre son sang de l'antique vrne,
Renoüuelant siecle d'or pour l'airain.

42.

Mars esleué en son plus haut befroy,
Fera retraite les Allobrox de France :
La gent Lombarde fera si grand effroy,
A ceux de l'Aigle comprins sous la balance.

43.

La grand ruine des sacrez ne s'esloigne,
Prouence, Naples, Sicile, Seez et Ponce,
En Germanie, au Rhin et la Cologne,
Vexez à mort par tous ceux de Magonce.

44.

Par mer le rouge sera prins de Pyrates,
La paix sera par son moyen troublée :
L'ire et l'auare commettra par sainct acte,
Au grand Pontife sera l'armée doublée.

45.

Le grand Empire sera tost desolé,
Et translaté pres d'arduene silue :
Les deux bastards par l'aisné decollé,
Et regnera Ænodarb. nez de milue.

46.

Par chappeaux rouges querelles, nouueaux (
Quant on aura eslu le Sabinois,   scismes),

On produira contre luy grands sophismes;
Et sera Rome lesee par Albanois.

47.

Le grand Arabe marchera bien auant,
Trahy sera par les Bisantinois :
L'antique Rodes luy viendra au deuant,
Et plus grand mal par austre Pannonois.

48.

Apres la grande affliction du sceptre,
Deux ennemis par eux seront defaicts :
Classe d'Affrique aux Pannons viendra naistre,
Par mer et terre seront horribles faicts.

49.

Nul de l'Espaigne, mais de l'antique France,
Ne sera esleu pour le tremblant nacelle :
A l'ennemy sera faicte fiance,
Qui dans son regne sera peste cruelle.

50.

L'an que les freres du lys seront en aage,
L'vn d'eux tiendra la grande Romanie,
Trembler les monts, ouuert Latin passage,
Pache marcher contre fort d'Armenie.

51.

La gent de Dace, d'Angleterre et Polonne,
Et de Boesme feront nouuelle ligue :
Pour passer outre d'Hercules la colonne,
Barcins, Tyrrens d'esser cruelle brigue.

CENTVRIE V.

52.
Vn Roy sera qui donra l'opposite,
Les exilez esleuez sur le regne,
De sang nager la gent caste Hyppolite,
Et florira long temps soùs telle enseigne.

53.
La loy du sol et Venus contendus
Appropriant l'esprit de Prophetie,
Ne l'vn ne l'autre ne seront entendus,
Par Sol tiendra la loy du grand Messie.

54.
Du pont Euxine, et la grand'Tartarie,
Vn Roy sera qui viendra voir la Gaule,
Transpercera Alane et l'Armenie,
Et dans Bisance lairra sanglante Gaule.

55.
De la felice Arabie contrade,
Naistra puissant de loy mahometique,
Vexer l'Espaigne, conquester la Grenade,
Et plus par mer à la gent lygustique.

56.
Par le trespas du tres vieillard Pontife,
Sera esleu vn romain de bon aage;
Qui sera dict que le siege debiffe,
Et long tiendra et de picquant ouurage.

57.
Istra du mont Gaulsier et Auentin,
Qui par le trou aduertir à l'armee,

Entre deux rocs sera prins le butin,
De SEXT. mansol faillir la renommee.

58.

De l'aqueduct d'Vticense, Gardoing,
Par la forest et mont innaccessible,
Emmy du pont sera tasché au poing,
Le chef Nemans qui tant sera terrible.

59.

Au chef anglois à Nymes trop seiour,
Devers l'Espaigne au secours Ænobarbe,
Plusieurs mourront par Mars ouuert seiour,
Quant en Artois faillir estoille en barbe.

60.

Par teste rase viendra bien mal eslire,
Plus que sa charge ne porter passera,
Si grand fureur et rage fera dire,
Qu'à feu et sang tout sexe trenchera.

61.

L'enfant du grand n'estant à sa naissance,
Subiuguera les hauts monts Apennis:
Fera trembler tous ceux de la balance,
Et des monts feux iusques à Mont Senis.

62.

Sur les rochers sang on verra pleuuoir,
Sol, Orient, Saturne occidental:
Pres d'Orgon guerre, à Rome grand mal voir,
Nefs parfondrees, et prins le Tridental.

63.

De vaine emprinse l'honneur indue plaincte,
Galliots errans par Latins, froid faim, vagues,
Non loing du Tymbre de sang la terre taincte
Et sur humains seront diuerses plagues.

64.

Les assemblez par repos du grand nombre,
Par terre et mer conseil contre mandé :
Pres de l'Autonne Gennes, Nice de l'ombre,
Par champs et villes le chef contrebandé.

65.

Subit venu l'effrayeur sera grande,
Des principaux de l'affaire cachez :
Et dame en braise plus ne sera en veue,
De peu à peu seront les grands faschez.

66.

Sous les antiques edefices vestaux,
Non esloignez d'aque duc ruine. :
De Sol et Lune sont les luisans metaux,
Ardante lampe Trian d'or burine.

67.

Quant chef Peronce n'osera sa tunique,
Sans au couuert tout nuds expolier :
Seront prins sept faict aristocratique,
Le pere et fils morts par pointe au colier.

68.

Dans le Danube et du Rhin viendra boire,
Le grand Chameau ne s'en repentira :

Trembler du Rosne, et plus fort ceux de Loire
Et pres des Alpes Coq le ruinera.

69.

Plus ne sera le grand en faux sommeil,
L'inquietude viendra prendre repos :
Dresser phalange d'or, azur, et vermeil,
Subiuguer Affrique la ronger jusques os.

70.

Des regions subiectes à la Balance,
Feront troubler les monts par grande guerre :
Captifs tout sexe deu et toute Bisance,
Qu'on criera à l'aube terre à terre.

71.

Par la fureur d'vn qui attendra l'eau,
Par la grand rage tout l'exercice esmeu :
Chargé des nobles à dix sept bateaux,
Au long du Rosne tard messager venu.

72.

Pour le plaisir d'edict voluptueux,
On meslera la poison dans la foy :
Venus sera en cours si vertueux,
Qu'obfusquera du soleil tout à loy.

73.

Persecutee sera de Dieu l'Eglise,
Et les saints temples seront expoliez,
L'enfant, la mere mettra nud en chemise,
Seront Arabes aux Polons ralliez.

74.

CENTVRIE V.

74.
De sang troyen naistra cœur germanique,
Qui deuiendra en si haute puissance :
Hors chassera gent estrange arabique,
Tournant l'Eglise en pristine preeminence.

75.
Montera hault sur le bien plus à dextre,
Demourera assis sur la pierre quarree :
Vers le midy posé à la fenestre,
Baston tortu en main, bouche serree.

76.
En lieu libere tendra son pauillon,
Et ne voudra en citez prendre place :
Aix, Carpen. l'Isle Volce Mont Cauaillon,
Par tous ses lieux abolira sa trasse.

77.
Tous les degrez d'honneur ecclesiastique,
Seront changez en dial quirinal :
En Martial quirinal flaminique,
Vn Roy de France le rendre vulcanal.

78.
Les deux vnis ne tiendront longuement,
Et dans treize ans aux Barbares s'atrape,
Aux deux costez feront tel perdement,
Qu'vn benira le barqué et sa cappe.

79.
Par sacree pompe viendra baisser les aisles,
Par la venuë du grand legislateur:

Partie I.   1

Humble haussera, vexera les rebelles,
Naistra sur terre aucun æmulateur.

80.

Logmion grande Bisance approchera,
Chassée sera la barbarique Ligue :
Des deux loix l'vne l'est nique laschera,
Barbare et franche en perpetuelle brigue.

81.

L'oiseau royal sur la cité solaire,
Sept mois deuant fera nocturne augure :
Mur d'Orient cherra tonnerre esclaire,
Sept iours aux portes les ennemis à l'heure.

82.

Au conclud pache hors de la forteresse,
Ne sortira celuy en desespoir mis :
Quand ceux d'Arbois, de Langres contre Bresse
Auront mont Dolle, bouscade d'ennemis.

83.

Ceux qui auront entreprins subuertir,
Nompareil regne, puissant et inuincible :
Feront par fraude, nuicts trois à aduertir,
Quant le plus grand à table lira Bible.

84.

Naistra du gouphre cité immesurée,
Nay de parents obscurs et tenebreux,
Qui la puissance du grand Roy reuerée,
Voudra destruire par Rouan et Eureux.

CENTURIE V.

85.
Par les Sueues et lieux circonuoisins,
Seront en guerre pour cause de nuees :
Gamp et marins locustes et cousins,
Du Leman fautes seront bien desnuees.

86.
Par les deux testes, et trois bras separez,
La cité grande par eaux sera vexée :
Des grands d'entr'eux par exil esgarez,
Par teste, Perse Bisance fort pressée.

87.
L'an que Saturne sera hors de sernage,
Au franc terroir sera d'eau inondé :
De sang Troyen sera son mariage,
Et sera seur d'Espaignols circondé.

88.
Sur le sablon par vn hideux deluge,
Des autres mers trouué monstre marin :
Proche du lieu sera faict vn refuge,
Tenant Sauone esclaue de Turin.

89.
Dedans Hongrie par Boheme, Nauarre,
Et par banniere fainctes seditions :
Par fleurs de lis pays portant la barre,
Contre Orleans fera esmotions.

90.
Dans les Cyclades, en Perinthe et Larisse,
Dedans Sparte tout le Peloponnesse :

Si grand famine peste par faux connice,
Neuf mois tiendra et tout le Cheronnesse.

91.

Au grand marché qu'on dict des mensongers,
Du tout torrent et champ Athenien :
Seront surprins par les cheuaux legiers,
Par Albanois Mars, Leo, Sat. vn versien.

92.

Apres le siege tenu dix sept ans,
Cinq changeront en tel reuolu terme,
Puis sera l'vn esleu de mesme temps,
Qui des Romains ne sera trop conforme.

93.

Sous le terroir du rond globe lunaire,
Lors que sera dominateur Mercure,
L'Isle d'Ecosse fera vn luminaire,
Qui des Anglois mettra à desconfiture.

94.

Translatera en la grand Germanie,
Brabant et Flandre, Gand, Bruges et Bologne,
La trefue fainte, le grand duc d'Armenie,
Assaillira Vienne et la Coloigne.

95.

Nautique rame inuitera les vmbres,
Du grand Empire lors viendra conciter :
La mer Ægee des ligues les encombres,
Empeschant l'onde Tirrenne deffloter.

CENTVRIE V.

96.
Sur le milieu du grand monde la rose,
Pour nouueaux faicts sang public espandu :
A dire vray on aura bouche clause,
Lors au besoin viendra tard l'attendu.

97.
Le nay difforme par horreur suffoqué,
Dans la cité du grand Roy habitable,
L'edict seuere des captifs reuoqué,
Gresle et tonnerre, Condon inestimable.

98.
A quarante huict degré climaterique,
Afin de Cancer si grande seicheresse,
Poisson en mer, fleuue, lac cuit hectique,
Bearn, Bigorre par feu ciel en detresse.

99.
Milan, Ferrare, Turin et Aquilleye,
Capne Brundis vexez par gent Celtique :
Par le Lion et phalange aquilee,
Quand Rome aura le chef vieux Britanique.

100.
Le boutefeu par son feu attrapé,
De feu du ciel à Carcas et Cominge,
Foix, Aux, Mazere, haut vieillart eschappé,
Par ceux de Hasse, des Saxons et Turinge.

PROPHETIES
DE NOSTRADAMUS.
CENTVRIE VI.

Av tour des monts Pirenees grans amas,
De gens estranges secourir Roy nouueau :
Pres de Garonne du grand temple du Mas,
Vn romain chef le craindra dedans l'eau.

2.

En l'an cinq cens octante plus et moins,
On attendra le siecle bien estrange :
En l'an sept cens, et trois cieux en tesmoings,
Que plusieurs regnes vn à cinq feront change.

3.

Fleuue qu'esprouue le nouueau nay Celtique,
Sera en grande de l'Empire discorde :
Le ieune prince par gent Ecclesiastique,
Ostera le sceptre coronal de concorde.

4.

Le Celtique fleuue changera de riuage,
Plus ne tiendra la cité d'Agrippine,
Tout transmué ormis le viel langage,
Saturne, Leo, Mars, Cancer en rapine.

5.

Si grand famine par onde pestifere,
Par pluye longue le long du Pole arctique,
Samathobryn cent lieux de l'hemisphere,
Viendront sans loy exempt de pollitique.

6.

Apparoistra vers le Septentrion,
Non loing Cancer l'estoile cheueluë :
Suze, Sienne, Boëce, et Etrion,
Mourra de Rome grand, la nuict disparuë.

7.

Norneigre et Dace, et l'isle Britanique,
Par les unis freres seront vexees :
Le chef Romain issu de sang Gallique,
Et les copies au forests repoulsees.

8.

Ceux qui estoient en regne pour sçauoir,
Au Royal change deuiendront appauuris :
Vns exilez sans apuy, or n'auoir,
Lettrez et lettres ne seront à grand pris.

9.

Aux sacrez Temples seront faicts escandales,
Comptez seront par honneurs et loüanges,
D'vn que on graue d'argent, d'or les medalles,
La fin sera en tourmens bien estranges.

10.

Vn peu de temps les Temples des couleurs,
De blanc et noir des deux entremeslee,

Rouges et iaunes leur sembleront les leurs,
Sang, terre, peste, faim, feu d'eau affollee.

11.

Des sept rameaux à trois seront reduicts,
Les plus aisnez seront surprins par morts :
Fratricider les deux seront seduicts,
Les coniurez en dormans seront morts.

12.

Dresser copies pour monter à l'Empire,
Du Vatiquan le sang Royal tiendra :
Flamans, Anglois, Espaigne auec Aspire,
Contre l'Italie et France contendera.

13.

Vn dubieux ne viendra loing du regne,
La plus grand part le voudra soustenir :
Vn capitole ne voudra point qu'il regne,
Sa grande charge ne pourra maintenir.

14.

Loing de sa terre Roy perdra la bataille,
Prompt eschappé poursuiuy suiuant prins,
Ignare prins soubs la doree maille :
Soubs fainct habit et l'ennemy surprins.

15.

Desoubs la tombe sera trouué le Prince,
Qu'aura le pris par dessus Nuremberg :
L'Espagnol Roy en Capricorne mince,
Faint et trahy par le grand Witemberg.

CENTVRIE VI.

16.

Ce que rauy sera du ieune Milue,
Par les Normans de France et Picardie,
Les noirs du temple du lieu de Negrisilue,
Feront aulberg et feu de Lombardie.

17.

Apres les limes bruslez les asiniers,
Contraints seront changer habits diuers :
Les Saturnins bruslez par les meusniers,
Hors la pluspart qui ne sera couuerts.

18.

Par les Phisiques le grand Roy delaissé,
Par sort non art de l'Ebrieu est en vie.
Luy et son genre au regne haut poussé,
Grace donnee à gent qui Christ euuie.

19.

La vraye flamme engloutira la dame,
Que voudra mettre les Innocens à feu,
Pres de l'assaut l'exercite s'enflamme.
Quant dans Seuille monstre en bœuf sera veu.

20.

L'vnion faincte sera peu de duree;
Des vns changez reformez la plus part :
Dans les vaisseaux sera gent enduree,
Lors aura Rome vn nouueau liepart.

21.

Quant ceux du Polle artiq'vnis ensemble,
En Orient grand effrayeur et crainte,

Esleu noulieau soustenu le grand tremble.
Rhodes, Bisance, de sang Barbare taincte.

22.

Dedans la terre du grand temple Celique,
Neueu à Londres par paix fainte meurtry,
La barque alors deuiendra scismatique,
Liberté faincte sera au corn et cry.

23.

D'esprit de regne musnimes descriees,
Et seront peuples esmeuz contre leur Roy,
Paix fainct nouueau, sainctes loix empires
Rapis onc fut en si tres dur arroy.

24.

Mars et le sceptre se trouuera conioinct,
Dessoubs Cancer calamiteuse guerre,
Vn peu apres sera nouueau Roy oingt,
Qui par long temps pacifiera la terre.

25.

Par Mars contraire sera la monarchie,
Du grand pescheur en trouble ruyneux,
Ieune noir rouge prendra la hierarchie,
Les proditeurs iront iour bruyneux.

26.

Quatre ans le siege quelque peu bien tiendra,
Vn suruiendra libidineux de vie,
Rauenne et Pyse, Verrone soustiendra,
Pour esleuer la croix de Pape enuie.

27.

Dedans les Isles de cinq fleuues à vn,
Par le croissant du grand Chyren Selin,
Par les bruynes de l'air fureur de l'vn,
Six eschappez, cachez fardeaux de lyn.

28.

Le grand Celtique entrera dedans Rome,
Menant amas d'exilez et bannis :
Le grand pasteur mettra à mort tout homme,
Qui pour le coq estoyent aux Alpes vnis.

29.

La vefue saincte entendant les nouuelles,
De ses rameaux mis en perplex et trouble :
Qui sera duict appaiser les querelles,
Par son pourchas de razes fera comble.

30.

Par l'apparence de faincte saincteté,
Sera trahy aux ennemis le siege :
Nuict qu'on cuidoit dormir en seureté,
Pres de Braban marcheront ceux de Liege.

31.

Roy trouuera ce qu'il desiroit tant,
Quand le Prelat sera reprins à tort :
Responce au Duc le rendra mal content,
Qui dans Milan mettra plusieurs à mort.

32.

Par trahison de verges à mort battu,
Prins surmonté sera par son desordre

Conseil friuole au grand captif sentu,
Nez, par fureur quant Berich viendra mordre.

33.

Sa main derniere par Alus sanguinaire,
Ne se pourra par la mer garentir :
Entre deux fleuues craindre main militaire,
Le noir l'ireux le fera repentir.

34.

Du feu volant la machination,
Viendra troubler au grand chef assiegez :
Dedans sera telle sedition,
Qu'en desespoir seront les profligez.

35.

Pres de Rion, et proche à blanche laine,
Aries, Taurus, Cancer, Leo, la Vierge,
Mars, Iupiter, le Sol ardra grand pleine,
Bois et citez lettres cachez au cierge.

36.

Ne bien ne mal par bataille terrestre,
Ne paruiendra aux confins de Perouse,
Rebelle Pise, Florence voir mal estre,
Roy nuict blessé sur mulet à noire house.

37.

L'œuure ancienne se paracheuera,
Du toict chera sur le grand mal ruyne :
Innocent faict mort on accusera,
Nocent caché, taillis à la bruyne.

38.

Aux profligez de paix les ennemis,
Apres auoir l'Italie superee,
Noir sanguinaire, rouge sera commis,
Feu, sang verser, eau de sang coloree.

39.

L'enfant du regne par paternelle prinse,
Expolier sera pour deliurer :
Aupres du lac Trasimen l'asur prinse,
La troupe hostage par trop fort s'ennyurer.

40.

Grand de Magonce pour grande soif estaindre,
Sera priué de sa grand' dignité :
Ceux de Cologne si fort se viendront plaindre,
Que le grand groppe au Rhin sera ietté.

41.

Le second chef du regne d'Annemarc,
Par ceux de Frize et l'Isle Britannique,
Fera despendre plus de cent mille marc,
Vain exploiter voyage en Italique.

42.

A Logmyon sera laissé le regne,
Du grand Selin, qui plus fera de faict :
Par les Itales estendra son enseigne,
Regi sera par prudent contrefaict.

43.

Long tems sera sans estre habitee,
Ou Signe et Marne autour vient arrouser :

Partie I. m

De la Tamise et martiaux tentee,
Deceus les gardes en cuidant repousser.

44.

De nuict par Nantes Lyris apparoistra,
Des arts marins susciteront la pluye :
Arabiq. goulfre grand classe parfondera,
Vn monstre en Saxe naistra d'ours et truye.

45.

Le gouuerneur du regne bien sçauant,
Ne consentir voulant au faict Royal :
Mellile classe par le contraire vent
Le remettra à son plus desloyal.

46.

Vn juste sera en exil renuoyé,
Par pestilence aux confins de Nonseggle,
Response au rouge le fera desuoyé,
Roy retirant à la Rane et à l'Aigle.

47.

Entre deux monts les deux grands assemblez
Delaisseront leur simulté secrette,
Brucelle et Dolle par Langres accablez,
Pour à Malignes executer leur peste.

48.

La saincteté trop fainte et seductiue,
Accompagnée d'vne langue diserte :
La cité vieille, et Parme trop hastiue,
Florence et Sienne rendront plus deserte.

CENTVRIE VI.

49.
De la partie de Mammer grand pontife,
Subiuguera les cofins du Danube :
Chasser les crois par fer raffe ne riffe,
Captifs, or, bagues plus de cent mille rubes.

50.
Dedans le puys seront trouuez les os,
Sera l'inceste commis par la maratre :
L'estat changé, on querra bruit et los,
Et aura Mars attendant pour son astre.

51.
Peuple assemblé, voir nouueau expectacle
Princes et Roys par plusieurs assistans,
Pilliers faillir, murs, mais comme miracle,
Le Roy sauué et trente des instans.

52.
En lieu du grand qui sera condamné,
De prison hors, son amy en sa place :
L'espoir Troyen en six mois ioins mort né
Le Sol à l'vrne seront peins fleuue en glace.

53.
Le grand Prelat Celtique à Roy suspect,
De nuict par cours sortira hors du regne :
Par Duc fertile à son grand Roy Bretaigne,
Bisance à Cypres et Tunes insuspect.

54.
Au point du iour au second chant du coq,
Ceux de Tunes, de Fez, et de Begie,

Par les Arabes captif le Roy Maroq,
L'an mil six cens et sept, de L'iturgie.

55.

Au chalme Duc, en arrachant l'esponse,
Voile Arabesque voir, subit desconuerte.
Tripolis, Chio, et ceux de Trapesonce,
Duc prins, Marnegro et la cité deserte.

56.

La crainte armee de l'ennemi Narbon,
Effrayera si fort les Hesperiques :
Parpignan vuide par l'aueugle darbon,
Lors Barcelon par mer donra les piques.

57.

Celuy qu'estoit bien auant dans le regne,
Ayant chef rouge proche à la Hierarchie.
Aspre et cruel, et se fera tant craindre,
Succedera à sacree Monarchie.

58.

Entre les deux Monarques esloignez,
Lors que le Sol par Selin clair perdue,
Simulté grande entre deux indignez,
Qu'aux isles et Sienne la liberté rendue.

59.

Dame en fureur par rage d'adultere,
Viendra à son Prince coniurer non le dire :
Mais bref cogneu sera le vituoere,
Que seront mis dix sept à martyre.

CENTVRIE VI.

60.

Le Prince hors de son territoire Celtique,
Sera traby, deceu par interprete :
Rouan, Rochelle par ceux de l'Armorique,
Au port de Blaue deceus par Moyne et Prestre.

61.

Le grand tappis plié ne monstrera,
Fors qu'à demy la pluspart de l'histoire :
Chassé du regne loing aspre apparoistra,
Qu'au faict bellique chacun le viendra croire.

62.

Trop tard tous deux les fleurs seront perduës,
Contre la loy serpent ne voudra faire :
Des ligueurs forces par gallots confonduës,
Sauone, Albingue par monech grand martyre.

63.

La Dame seule au regne demeuree,
L'vnic estainct premier au lict d'honneur,
Sept ans sera de douleur exploree,
Puis longue vie au regne par grand heur.

64.

On tiendra pache aucune arresté,
Tous receuans iront par tromperie,
De paix et trefue, terre et mer protesté,
Par Barcelone classe prins d'industrie.

65.

Gris et bureau demie ouuerte guerre,
De nuict seront assaillis et pillez :

Le bureau prins passera par la serre,
Son Temple ouuert, deux au plastre grillez.

66.

Au fondement de la nouuelle secte,
Seront les os du grand Romain trouuez,
Sepulchre en marbre apparoistra couuerte,
Terre trembler en auril, mal en foüez.

67.

Au grand Empire paruiendra tout vn autre,
Bonté distant plus de felicité :
Regi par vn issu non loing du peautre,
Corruer regnes grande infelicité.

68.

Lors que soldats fureur seditieuse,
Contre leur chef feront de nuict fer luire,
Ennemy d'Albe soit par main furieuse,
Lors vexer Rome, et principaux seduire.

69.

La pitié grande sera sans loing tarder,
Ceux qui donnoient seront contraints de prendre,
Nuds, affamez de froid, soif, soy bander,
Les monts passer commettant grande esclandre.

70.

Au chef du monde le grand Chiren sera,
Plus outre apres aymé, craint, redouté,
Son bruit, et los les Cieux surpassera,
Et du seul tiltre victeur fort contenté.

CENTVRIE VI.

71.

Quand on viendra le grand Roy parenter
Auant qu'il ait du tout l'ame rendue,
Celuy qui moins le viendra lamenter,
Par Lyons, d'Aigles, croix, couronne venduë.

72.

Par fureur fainte d'esmotion diuine,
Sera la femme du grand fort violee,
Iuges voulans damner telle doctrine,
Victime au peuple ignorant immolee.

73.

En cité grande vn moyne et artisan,
Pres de la porte logez et aux murailles,
Contre Modene secret, caue disant,
Trahis pour faire sous couleur d'espousailles.

74.

La dechassee au regne tournera,
Ses ennemis trouuez des coniurez :
Plus que iamais son temps triomphera,
Trois et septante à mort trop asseurez.

75.

Le grand pilot par Roy sera mandé,
Laisser la classe pour haut lieu attaindre,
Sept ans apres sera contrebandé,
Barbare armee viendra Venise craindre.

76.

La cité antique d'antenoree forge,
Plus ne pouuant le Tyran supporter :

Le manche sainct au Temple couper gorge,
Les sienes le peuple à mort viendra bouter.

77.

Par la victoire du deceu fraudulente,
Deux classes vne la reuolte Germanie,
Le chef meurtry et son fils dans la tente,
Florence, Imole pourchassez dans Romaine.

78.

Crier victoire du grand Selin croissant,
Par les Romains sera l'Aigle clamé,
Ticcin, Milan et Gennes y consent,
Puis par eux mesmes Basil grand reclamé.

79.

Pres du Tesin les habitans de Loyre,
Garonne et Saone, Seine, Tain et Gironde,
Outre les monts dresseront promontoire,
Conflict donné, Pau granci, submergé onde.

80.

De Fez le regne paruiendra à ceux d'Europe,
Feu leur cité, et l'ame trenchera :
Le grand d'Asie terre et mer à grand troupe,
Que bleux, pers, croix, à mort dechassera.

81.

Pleurs, cris et plaints, hurlements, effrayeur,
Cœurs inhumain, cruel, noir, et transy
Leman, les Isles, de Gennes les maieurs,
Sang espancher forfaim, à nul mercy.

CENTVRIE VI.

82.

Par les deserts du lieu libre et farouche,
Viendra errer nepueu du grand Pontife :
Assommé à sept auecques lourde souche,
Par ceux qu'apres occuperont le Cyphe.

83.

Celuy qu'aura tant d'honneur et caresses
A son entree de la Gaule Belgique,
Vn temps apres fera tant de rudesses,
Et serà contre à la fleur tant bellique.

84.

Celuy qu'en Sparthe Claude ne peut regner,
Il fera tant par voye seductiue,
Que du court long, le fera araigner,
Que contre Roy fera sa perspective.

85.

La grand cité de Tharse par Gaulois
Sera destruite, captifs tous à Turban :
Secours par mer du grand Portugalois,
Premier d'esté le iour du sacre Vrban.

86.

Le grand Prelat un iour apres son songe
Interpreté au rebouts de son sens,
De la Gascongne luy suruiendra vn monge
Qui fera eslire le grand Prelat de Sens.

87.

L'election faicte dans Francfort,
N'aura nul lieu, Milan s'opposera,

Le sien plus proche semblera si grand fort,
Qu'outre le Rhin és mareschs cassera.

88.

Vn regne grand demourra desolé,
Aupres de l'Hebro se feront assemblees :
Monts Pyrenees le rendront consolé,
Lors que dans May seront terres tremblees.

89.

Entre deux cymbes pieds et mains attachez,
De miel face oingt', et de laict substanté.
Guespes et mouche fitine amour faschez,
Poccilateurs faucer, Cyphe tenté.

90.

L'honnissement puant abominable,
Apres le faict sera felicité,
Grand excusé, pour n'estre fauorable,
Qu'à paix Neptune ne sera incité.

91.

Du conducteur de la guerre nauale,
Rouge efrené, seuere, horrible grippe,
Captif eschappé de l'aisné dans la baste,
Quand il naistra du grand vn fils Agrippe.

92.

Prince sera de beauté tant venuste,
Au chef menee, le second faict trahy,
La cité au glaiue de poudre face aduste,
Par trop grand meurtre le chef du Roy hay.

CENTVRIE VI.

93.
Prelat auare d'ambition trompé,
Rien ne sera que trop viendra cuider :
Ses messagers, et luy bien attrappé,
Tout au rebours voir qui le bois fendroit.

94.
Vn Roy iré sera au fedifragues,
Quand interdicts seront harnois de guerre,
La poison taincte au succre par les fragues,
Par eux meurtris, morts, disant serre, serre.

95.
Par detracteur calomnié à puis nay,
Quand seront faicts enormes et martiaux :
La moindre part dubieuse à l'aisné,
Et tost au regne seront faicts partiaux.

96.
Grande cité à soldats abandonnee,
Onc n'y eut mortel tumult si proche :
O quelle hideuse mortalité s'approche !
Fors vne offense n'y sera pardonnee.

97.
Cinq et quarante deg z cie bruslera,
Feu aprocher de la grand'cité neuue,
Instant grand flamme esparse sautera,
Quand on voudra des Normans faire preuue.

98.
Ruyné aux Volsques de peur si fort terribles,
Leur grand'cité taincte, faict pestilent :

Piller Sol, Lune, et violer leurs temples,
Et les deux fleuue, rougir de sang coulant.

99.

L'ennemy docte se trouuera confus,
Grand camp malade, et de faict par embusches,
Monts Pyrenees et Pœnus lui seront faits refus
Proche du fleuue decouurant antiques oruches.

Legis cantio contrà ineptos criticos.

Qui legent hosce versus, maturè censunto,
Profanum vulgus et inscium ne attrectato :
Omnesque Astrologi Blenni, Barbari procul sunto,
Qui aliter facit, is rite, sacer esto.

PROPHETIES
DE NOSTRADAMVS

CENTVRIE VII.

L'ARC du thresor par Achilles deceu,
Aux progrez sceu la quadrangulaire :
Au faict Royal le comment sera sceu,
Corps veu pendu au veu du populaire.

2.

Par Mars ouuert Arles le donra guerre,
De nuict seront les soldats estonnez,

Noir

CENTVRIE VII.

Noir, blanc à l'Inde dissimulez en terre,
Sous la fainte ombre traistres veuz et sonnez.

3.

Aprés de France la victoire nauale,
Les Barchinons, Saillinons, les Phocens,
Lierre d'or, l'enclume serré dedans la balle,
Ceux de Ptolon au fraud seront consens.

4.

Le Duc de Langres assiegé dedans Dolle,
Accompagné d'Autun et Lyonnois :
Geneue, Ausbourg, ioing ceux de Mirandole,
Passer les monts contre les Anconnois.

5.

Vin sur la table en sera respandu,
Le tiers n'aura celle qu'il pretendoit :
Deux fois du noir de Parme descendu,
Perouse à Pize fera ce qu'il cuidoit.

6.

Naples, Palerme, et toute la Cicile,
Par main barbare sera inhabitee,
Corsicque, Salerne et de Sardeigne l'Isle,
Faim, peste, guerre, fin de maux intentee.

7.

Sur le combat des grands cheuaux legers,
On criera le grand croissant confond :
De nuict tuer monts, habits de bergers,
Abymes rouges dans le fossé profond.

Partie I. n

8.

Flora fuis, fuis le plus proche Romain,
Au Fesulan sera conflict donné,
Sang espandu, les plus grands prins à main,
Temple ne sexe ne sera pardonné.

9.

Dame à l'absence de son grand capitaine,
Sera priee d'amour du Viceroy,
Faincte promesse et mal'heureuse estraine,
Entre les mains du grand prince Barois.

10.

Par le grand prince limitrophe du Mans,
Preux et vaillant chef du grand exercite :
Par mer et terre Gallots et Normans,
Caspre passer Barcelonne pillé Isle.

11.

L'enfant Royal contemnera la mere,
Oeil, pieds blessez, rude inobeissans,
Nouuelle à dame estrange et bien amere,
Seront tuez des siens plus de cinq cens.

12.

Le grand puisnay fera fin de la guerre,
Aux dieux assemble avec les excusez,
Cahors, Moissac iront loing de la serre,
Refus Lestore, les Angenois rasez.

13.

De la cité marine et tributaire,
La teste raze prendra la satrapie,

Chasser sordide qui puis sera contraire,
Par quatorze ans tiendra la tyrannie.

14.

Faux exposer viendra topographie,
Seront les cruches des monumens ouuertes,
Pulluler secte, saincte philosophie,
Pour blanches, noires, et pour antiques vertes.

15.

Deuant cité de l'Insubre contree,
Sept ans sera le siege deuant mis :
Le tres-grand Roy y fera son entree,
Cité puis libre hors de ses ennemis.

16.

Entree profonde par la grand Royne faicte,
Rendra le lieu puissant inaccessible ;
L'armee de trois Lyon, sera deffaite,
Faisant dedans cas hideux et terrible.

17.

Le prince rare de pitié et clemence,
Viendra changer par mort grand cognoissance :
Par grand repos le regne trauaillé,
Lors que le grand tost sera estrillé.

18.

Les assiegez couloureront leur paches,
Sept iours apres feront cruelle issuë,
Dans repoulsez feu, sang. Sept mie à l'ache,
Dame captiue qu'auoit la paix tissuë.

CENTVRIE VII.

19.
Le fort de Nicene ne sera combatu,
Vaincu sera par rutilant metal,
Son faict sera vu long temps debatu,
Aux citadins estrange espouuantal.

20.
Ambassadeurs de la Toscane langue,
Auril et May Alpes et mer passee,
Celuy de veau exposera l'harangue,
Vie Gauloise ne venant effacer.

21.
Par pestilente inimitié Volsicque,
Dissimulee chassera le Tyran,
Aux pont de Sorgues se fera le traffique,
De mettre à mort luy et son adherant.

22.
Les citoyens de Mesopotamie,
Irez encontre amis de Tarraconne,
Ieux, rits, banquets, toute gent endormie,
Vicaire au Rosne, prins cité, ceux de d'Ausone.

23.
Le Royal sceptre sera contrainct de prendre,
Ce que ses predecesseurs auoient engagé,
Puis que l'anneau on fera mal entendre,
Lors qu'on viendra le palais saccager.

24.
L'enseuely sortira du tombeau,
Fera de chaines lier le fort du pont,

CENTVRIE VII.

Empoisonné auec œufs de Barbeau,
Grand de Lorraine par le Marquis du Pont.

25.

Par guerre longue tout l'exercice expulser,
Que pour soldats ne trouueront pecune,
Lieu d'or d'argent, cuir on viendra cuser,
Gaulois ærain, signe croissant de Lune.

26.

Fustes et galeres autour de sept nauires
Sera liuree vne mortelle guerre,
Chef de Madric receura coup, de vires,
Deux eschappees, et cinq menees à terre.

27.

Au cainct de Vast la grand caualerie,
Proche à Ferrage empeschee au bagage,
Prompt à Turin feront tel volerie,
Que dans le fort rauiront leur hostage.

28.

Le capitaine conduira grande proye,
Sur la montaigne des ennemis plus proche :
Enuironné, par feu fera telle voye,
Tous eschappez, or trente mis en broche.

29.

Le grand Duc d'Albe se viendra rebeller,
A ses grands peres fera le tradiment :
Le grand de Guise le viendra debeller,
Captif mené et dressé monument.

30.

Le sac s'approche, feu, grand sang espandu,
Pogrands fleuues, aux bouuiers l'entreprinse :
De Gennes Nice, apres long attendu,
Foussan, Turin, à Sauillan la prinse.

31.

De Languedoc, et Guienne plus de dix,
Mille voudront les Alpes repasser,
Grands Allobroges marcher contre Brundis,
Aquin et Bresse les viendront recasser.

32.

Du mont Royal naistra d'une casane,
Qui caue, et compte viendra tyranniser,
Dresser copie de la marche Milane,
Fauene, Florence d'or et gens espuiser.

33.

Par fraudes regne, force expolier,
La classe obsesse, passages à l'espie,
Deux faincts amis se viendront r'allier,
Esueiller haine de long temps assoupie.

34.

En grand regret sera la gent gauloise,
Cœur vain, leger croira temerité :
Pain, sel, ne vin, eau, venin ne ceruoise,
Plus grand captif, faim, froid, necessité.

35.

La grande poche viendra plaindre, plorer,
D'auoir esleu, trompez seront en l'aage,

Guiere auec eux ne voudra demourer,
Deceu sera par ceux de son langage.

36.

Dieu le Ciel tout le diuin Verbe à l'onde,
Porté par rouges sept razes à Bizance,
Contre les oingts trois cens de Trebisconde,
Deux loix mettront, et horreur, puis credence.

37.

Dix enuoyez, chef de nefs mettre à mort,
D'un aduerty, en classe guerre ouuerte,
Confusion chef, l'vn se picque et mort,
Leryn, stecades nefs, cap dedans la nerte.

38.

L'aisné Royal sur coursier voltigeant,
Picquer viendra, si rudement courir,
Gueulle, lipee, pieds dans l'estrein plegnant
Trainé, tiré, horriblement mourir.

39.

Le conducteur de l'armee Françoise,
Cuidant perdre le principal phalange;
Par sus paué de l'auaigne et d'ardoise,
Soy parfondra par Gennes gent estrange.

40.

Dedans tonneaux hors oingts d'huile et gresse,
Seront vingt vn deuant le port fermez,
Au second guet par mort feront proüesse,
Gaigner les portes, et du guet assommez.

CENTURIE VII.

41.

Les os des pieds et des mains enserrez,
Par bruit maison long temps inhabitee,
Seront par songes concauant deterrez,
Maison salubre et sans bruit habitee.

42.

Deux de poison saisis nouueaux venus,
Dans la cuisine du grand Prince verser,
Par le soüillard tous deux au faict cogneus,
Prins qui cuidoit de mort l'aisné vexer.

43.

Lors qu'on verra les deux Licornes,
L'une baissant, l'autre abaissant,
Monde au milieu, pilier aux bornes
S'enfuira le neueu riant.

44.

Alors qu'un bour fera fort bon,
Portant en soy les marques de iustices,
De son sang lors portant lon nom
Par fuite iniuste receuera son supplice.

45.

Renfort de sieges manubis et maniples
Changé le sacré et passe sur le prosne.
Prins et captifs n'arreste les prez triples,
Plus par fonds mis, esleué, mis au trosne.

46.

L'occident libres les isles Britanniques
Le recogneu passer le bas, puis haut

CENTVRIE VII.

Ne content triste Rebel, corrss. Escotiques.
Puis rebeler par plus et par nuict chaut.

47.

La stratageme simulte sera rare,
La mort en voye rebelle par contrée,
Par le retour du voyage Barbare
Exalteront la protestante entrée.

48.

Vent, chant, conseil, pleurs, timidité,
De nuict au lit assailly sans les armes,
D'oppression grande calamité,
L'epithalme conuerty pleurs et larmes.

Fin de la premiere Partie.

PROPHETIES
DE MICHEL
NOSTRADAMVS,

Dont il y en a trois cens qui n'ont jamais esté imprimées;

Trouuées en vne Bibliotecque laissée par l'Autheur.

NOUVELLE EDITION,

D'apres un Exemplaire trouvé dans la Bibliotheque de Mr. Pascal.

SECONDE PARTIE.

A PARIS,
CHEZ LES MARCHANDS DE NOUVEAUTÉS.

A L'INVICTISSIME,

Tres-puissant et tres-chrestien HENRY, roi de France second, Michel Nostradamvs son tres-humble et tres-obeissant seruiteur et suiet, victoire et felicité.

Pour icelle souueraine obseruation que i'ay eu, ô tres-chrestien et tres-victorieux Roy, depuis que ma face estant long temps obnubilee se presente au deuant de la deité de vostre maiesté immesuree, depuis en ça i'ay esté perpetuellement esblouy ne desistant d'honorer et dignement venerer iceluy iour que premierement deuant icelle ie me presentay, comme à une singuliere Maiesté tant humaine. Or cherchant quelque occasion par laquelle ie puisse manifester le bon cœur et franc courage, que moyennant iceluy mon pouuoir eusse faict ample extension de cognoissance enuers vostre serenissime Maiesté. Or voyant que par effects le declarer ne m'estoit possible, ioint auec mon singulier desir de ma tant longue obtenebration et obscurité, estre subitement esclaircie et transportee au deuant de la face du souuerain œil, et du premier Monarque de l'vniuers, tellement que i'ay esté en doute longuement à qui ie viendrois consacrer ces trois

Centvries du restant de mes propheties paracheuant la milliade, et apres auoir eu longuement cogité d'vne temeraire audace, ay prins mon adresse enuers vostre maiesté, n'estant pour cela estonné, comme raconte le grauissime aucteur Plutarque en la vie de Lycurgue, que voyant les offres et presens qu'on faisoit par sacrifices aux temples des Dieux immortels d'yceluy temps, et à celle fin que l'on ne s'estonnast par trop souuent desdits fraiz et mises ne s'osoyent presenter aux temples. Ce nonobstant voyant vostre splendeur royalle accompagnee d'vne incomparable humanité, ay prins mon adresse, non comme aux Rois de Perse, qu'il n'estoit nullement permis d'aller à eux, ny moins s'en approcher. Mais à vn tres prudent, à vn tres sage prince, i'ay consacré mes nocturnes et prophetiques supputations, composees plustost d'vn naturel instinct, accompagné d'vne fureur poetique, que par reigle de poesie, et la plus part composé et accordé à la calculation astronomique, correspondant aux ans, moys et sepmaines des regions, contrees, et de la plus part des villes et citez de toute l'Europe, comprenant de l'Affrique, et vne partie de l'Asie par le changement des regions, qui s'approchent la plus part de tous ses climats, et composé d'vne naturelle faction: respondra quelqu'vn qui auroit bien besoin de soy moucher, la rithme estre autant facile, comme l'intelligence du sens est difficile. Et pour ce, ô tres-humanissime Roy, la plus part des quatrains prophetiques sont tellement scabreux, que l'on n'y sçauroit donner voye ny moins aucuns interpreter, toutesfois esperant de laisser par escript les ans, villes, citez, regions ou la pluspart aduiendra, mesmes de l'annee 1585 et de l'annee 1606, accommençant depuis le temps present, qui est le 14 de mars 1547, et passant outre bien loin iusques à l'aduenement qui sera apres au commencement du 7 millenaire profondement supputé, tant que mon calcul astronomique et autre sçauoir s'a pu estendre, ou les aduersaires de Iesus-Christ et de son Eglise commenceront plus fort de pululer, le tout a esté composé et calculé en iours et heures d'election et bien disposees, et le plus iustement qu'il m'a esté possible. Et le tout *Minerva libera, et non inuita*, supputant presque autant des aduentures du temps aduenir, comme des aages passez, comprenant du present, et de ce que par le cours du temps par toutes regions l'on cognoistra aduenir, tout ainsi nommement comme il est escrit, n'y meslant rien de superflu, combien que l'on die : *Quod de futuris non est determinata omnino veritas*. Il est bien vray, Syre, que pour mon naturel instinct qui m'a esté donné par mes auites ne cuidant presager, et adioutant et accordant iceluy naturel instinct auec ma longue supputation vny, et vuidant l'ame, l'esprit et le courage de toute cure, solicitude et fascberie par repos et tranquilité de l'esprit. Le tout accordé et presagé l'vne partie *trepode æneo*. Combien qu'ils sont plusieurs qui m'attribuent ce qu'est autant à moy, comme de ce que n'en est rien, Dieu seul eternel, qui est prescrutateur des humains courage pie, iuste et misericordieux, en est le vray juge, auquel ie prie qu'il me vueille defendre de la calomnie des meschans, qui voudroyent aussi calomnieusement s'enquerir pour quelle cause tous vos antiquissimes progeniteurs Rois de France ont guery des escrouelles, et des autres nations ont guery de la morsure des serpens, les autres ont eu certain instinct de l'art diuinatrice, et d'autres cas qui seroient long icy à racompter. Ce nonobstant ceux à qui la malignité de l'esprit malin ne sera comprins par le cours du temps apres la terrenne mienne extinction, plus sera mon escrit qu'à mon vivant, cependant si à ma supputation des aages ie faillois ou ne pourroit estre selon la volonté d'aucuns. Plaira à vostre plus qu'imperialle Maiesté me pardonner, protestant deuant Dieu et ses saincts, que ie ne pretends de mettre rien quelconque par escrit en la presente epistre, qui soit contre la vraye foy catholique, conferant les calculations astronomiques, iouxte mon sçavoir : car l'espace de temps

Partie II.   O

de nos premiers, qui nous ont precedez sont tels, me remettant sous la correction du plus sain iugement, que le premier homme Adam fut deuant Noé enuiron mille deux cens quarante deux ans, ne computant les temps par la supputation des gentils, comme a mis par escrit Varon : mais tant seulement selon les sacrees escriptures, et selon la foiblesse de mon esprit, en mes calculations astronomiques. Apres Noé, de luy et de l'vniuersel deluge, vint Abraham enuiron mille huictante ans lequel a esté souuerain astrologue, selon aucuns, il inuenta premier les lettres Chaldaiques : apres vint Moyse enuiron cinq cens quinze ou seize ans, et entre le temps de Dauid et Moyse, ont esté cinq cens septante ans là enuiron. Puis apres entre le temps de Dauid, et le temps de notre Sauueur et Redempteur Iesus-Christ, nay de l'vnique Vierge, ont esté (selon aucuns Cronographes), mille trois cens cinquante ans : pourra obiecter quelqu'vn ceste supputation n'estre veritable, pour ce qu'elle differe à celle d'Eusebe. Et depuis le temps de l'humaine redemption iusques à la seduction detestable des Sarrazins, sont esté six cens vingt et vn ans, là enuiron, depuis en ça l'on peut facilement colliger quels temps sont passez, si la mienne supputation n'est bonne et valable par toutes nations pour ce que le tout a esté calculé par le cours celeste, par association, d'esmotion infuse à certaines heures delaissees par l'esmotion de mes antiques progeniteurs. Mais l'iniure du temps, ô serenissime Roy, requiert que tels secrets euenemens ne soyent manifestez que par ænigmatique sentence, n'ayant qu'vn seul sens, et vnique intelligence, sans y auoir rien mis d'ambigue n'amphibologique calculation; mais plustost sous obnubilee obscurité par vne naturelle infusion approchant à la sentence d'vn des mille et deux prophetes, qui ont esté depuis la creation du monde iouxte la supputation et Chronique punique de Ioël, *Effundam spiritum meum super omnem carnem, et prophetabunt filii vestri et filiæ vestræ.* Mais telle prophetie procedoit de la bouche du S. Esprit, qui estoit la souueraine puissance eternelle, adioincte auec la celeste à d'aucuns de ce nombre, ont predit de grandes et esmerueillables aduentures: moy en cet endroit ie ne m'attribue nullement tel tiltre. Ia à Dieu, ne plaise, ie confesse bien que le tout vient de Dieu, et luy en rends graces, honneur et louange immortelle, sans y auoir meslé de la diuination que prouient à *fato*, mais à *Deo*, à *naturá*, et la plus part accompagné du mouuement du cours celeste, tellement que voyant comme dans vn mirouer ardant, comme par vision obnubilee, les grands euenemens tristes, prodigieux, et calamiteuses aduentures qui s'approchent par les principaux culteurs. Premierement des temples de Dieu, secondement par ceux qui sont terrestrement soustenus s'approcher telle decadence, auecques mille autres calamiteuses aduentures, par le cours du temps on cognoistra aduenir. Car Dieu regardera la longue sterilité de la grand dame, qui puis apres conceura deux enfans principaux ; mais elle periclitant qu'elle luy sera adioustee par la temerité de l'aage de mort periclitant dedans le dix-huictiesme, ne pouuant passer le trante-sixiesme qu'en delaissera trois masles, et vne femelle, et en aura deux, celui qui n'en eut iamais d'vn mesme pere, des trois freres seront telles differences, puis vnies et accordees, que les trois et quatre parties de l'Europe trembleront ; par le moindre d'aage sera la monarchie chrestienne soustenue, augmentee, sectes esleuees, et subitement abaissees, Arabes reculez, royaumes vnis, nouuelles loix promulguees : des autres enfans le premier occupera les Lions furieux courronez, tenants les pattes dessus les armets intrepidez. Le second se profondera si auant par les Latins accompagné, que sera faicte la seconde voye tremblante et furibonde au mont Iouis descendant pour monter aux Pyrennees, ne sera translatee à l'antique monarchie, sera faicte la troisiesme inondation de sang humain, ne se trouuera de long temps mars en caresme, Et sera donnee la fille par la conseruation de l'Eglise chrestienne, tombant son dominateur à la paganisme secte des nouueaux infideles, elle aura deux enfans, l'vn de fidelité, et l'autre d'infidelité par la confirmation de l'Eglise catholique. Et l'autre qui à sa grande confusion et tarde repentance la voudra ruyner, seront trois regions par l'extreme difference des ligues, c'est assauoir la Romanie, la Germanie, l'Espaigne, qui feront diuerses sectes par main militaire, delaissant le 50 et 52 degrez de hauteur, et feront tous hommages des religions loingtaines aux regions de l'Europe et de Septentrion de 48 degrez d'hauteur, qui premier par vaine timidité tremblera puis les plus Occidentaux, Meridionaux et Orientaux trembleront, telle sera leur puissance, que ce qui se fera par concorde et vnion insuperable des conquestes belliques. De nature seront esgaux; mais grandement differentes de foy. Apres ceci la Dame sterile de plus grande puissance que la seconde sera receu par deux peuples, par le premier obstiné par celuy qui a eu puissance sur tous, par le deuxiesme et par le tiers qui estendra ses forces vers le circuit de l'Orient de l'Europe aux pannons l'a profligé et succombé, et par voille marine fera ses extensions à la Trinacrie Adriatique par Mirmidons et Germaniques du tout succombé, et sera la secte Barbarrique du tout des Latins grandement affligee et deschassee. Puis le grand, Empire de l'Antechrist commencera dans la Atila et Zerses descendre en nombre grand et innumerable tellement que la venue du Sainct Esprit procedant du 48 degrez, fera transmigration, deschassant à l'abomination de l'Antechrist, faisant guerre contre le Royal qui sera le grand Vicaire de Iesus-Christ, et contre son Eglise, et son regne *per tempus, et in occasionne temporis*, et precedera deuant vne eclypse solaire le plus obscur et le plus tenebreux, que soit esté depuis la creation du monde iusques à la mort et passion de Iesus-Christ, et de là iusques icy et sera au mois d'octobre que quelque grande translation sera faicte, et telle que l'on cuidera la pesanteur de la terre auoir perdu son naturel mouuement, et estre abysmee en perpetuelles tenebres, seront precedans au temps vernail, et s'en ensuyuant apres d'extremes changemens, permutations de regnes, par grands tremblemens de terre, auec pullulation de la nefue Babilonne, fille miserable augmentée par l'abomination du premier holocauste, et ne tiendra tant seulement que septante trois ans, sept mois, puis apres en sortira du tige celle qui auoit demeuré tant long temps sterile, procedant du cinquantiesme degrez qui renouuellera toute l'Eglise chrestienne. Et sera faicte grande paix, vnion et concorde entre vn des enfans des fronts esgalez, et separez par diuers regnes; et sera

faicts telle paix que demeurera attaché au plus
profond barathre le suscitateur et promoteur de
la martialle faction par la diuersité des religieux,
et sera vni le royaume du Rabieux, qui contrefera
le sage. Et les contrees, villes, citez, regnes, et
prouinces qui auront laissé les premieres voyes
pour se deliurer, se captiuant plus profondement,
seront secrettement faschez de leur liberté, et
parfaicte religion perdue commenceront de frapper
dans la partie gauche, pour tourner à la dextre, et
remettant la saincteté profligee de long temps auec
leur pristin escrit, qu'apres le grand chien sortira
le plus gros mastin, qui fera destruction de tout,
mesmes de ce qu'auparauant sera esté perpetré,
seront redressez les temples comme au premier
temps, et sera restitué le clerc à son pristin estat,
et commencera à meritriquer et luxurier faire
commettre mille forfaits. Et estant proche d'vne
autre desolation, par lors qu'elle sera à plus haute
et sublime dignité se dresseront de potentats et
mains militaires, et luy seront ostez les deux
glaiues, et ne luy demeurera que les enseignes,
desquelles par moyen de la curuature qui les attire,
le peuple le faisant aller droit, et ne voulant se
condescendre à eux par le bout opposite de la main
argue, touchant terre, voudroit stimuler iusques
à ce que naistra d'vn rameau de la sterile, de long
temps qui deliurera le peuple vniuers de celle

seruitude benigne et volontaire, soy remettant à la protection de Mars, spoliant Iupiter de tous ses honneurs et dignitez, pour la cité libre constitue et assise dans vn autre exigue Mezopotamie. Et sera le chef et gouuerneur iecté du milieu, et mis au haut lieu de l'air, ignorant la conspiration des coniurateurs, auec le second Trasibulus, qui de long temps aura manié tout cecy: alors les immondicitez, les abominations seront par grande honte obiectees et manifestees aux tenebres de la lumiere obtenebree, cessera deuers la fin du changement de son regne; et les clefs de l'Eglise seront en arriere de l'amour de Dieu, et plusieurs d'entre eux apostatizeront la vraye foy, et des trois sectes, celle du milieu, par les culteurs d'icelle, sera vn peu mis en decadence. La prime totalement par l'Europe, la pluspart de l'Affrique exterminee de la tierce, moyennant les pauures d'esprit, que par insensez esieuez par la luxure libidineuse adultereront. La Plebe se leuera soustenant, dechassera les adherans des legislateurs, et semblera que les regnes affoiblis par les Orientaux que Dieu le Createur aye deslié Satan des prisons infernalles, pour faire naistre le grand Dog et Doham, lesquels feront si grande fraction abominable aux Eglises, que les rouges ne les blancs sans yeux ne sans mains plus n'en iugeront, et leur sera ostee leur puissance. Alors sera faicte plus de persecution aux Eglises, que ne fut iamais. Et sur ces entrefaictes naistra la pestilence si grande, que des trois parts du monde, plus les deux defaudront. Tellement qu'on ne saura congnoistre les appartenans des champs et maisons, et naistra l'herbe par les rues des citez plus haute que les genoulx. Et au clergé sera faicte toute desolation, et vsurperont les Martiaulx ce que sera retourné de la cité du Soleil de Melite et des Isles Stechades, et sera ouuerte la grand chaisne du port qui prend sa domination au bœuf marin. Et sera faicte nouuelle incursion par les maritimes plages, volant le saut Castulum deliurer de la premiere reprinse Mahometane. Et ne seront du tout saillement vains, et au lieu que iadis fut l'habitation d'Abraham, sera assaillie par personnes qui auront en veneration les Iouialistes Et icelle cité de Achem sera enuironnee et assaillie de toutes parts en tres grande puissance de gens d'armes. Seront affoiblies leurs forces maritimes par les Occidentaux. Et à ce regne sera faicte grande desolation, et les plus grandes citez seront depeuplees, et ceux qui entreront dedans, seront comprins à la vengeance de l'ire de Dieu. Et demeurera le sepulchre de tant grande veneration par l'espace de long temps soubs le serain à l'vniuerselle vision des yeux du Ciel, du Soleil et de la Lune. Et sera conuerty le lieu sacré en hebergement de troupeau menu et grand et adapté en substances prophanes. O quelle calamiteuse affliction sera par lors aux femmes enceinctes; et sera par lors du principal chef Oriental, la plus part esmeu par les Septentrionaux et Orientaux vaincu, et mis à mort, profligez, et le reste en fuite, et ses enfans de plusieurs femmes emprisonnez, et par lors sera accomplie la prophetie du royal Prophete : *Vt audiret gemitus compeditorum, vt solueret filios interemptorum.* Quelle grande oppression que par lors sera faicte sur les Princes et gouuerneurs des Royaumes mesmes de ceux qui seront maritimes et orientaux, et leurs langues entremeslees à grande societé : la langue des Latins et des Arabes, par la communication Punique, et seront tous ces Roys orientaux chassez, profligez, exterminez, non du tout par le moyen des forces des Roys d'Aquilon, et par la proximité de notre siecle par moyen des trois vnis secrettement cherchant la mort, et insidies par embusches l'vn de l'autre, et durera le renouuellement de *Triumuirat* sept ans, que la renommee de telle secte fera son estendue par l'vniuers, et sera soustenu le sacrifice de la saincte et immaculee hostie; et seront lors es Seigneurs deux en nombre d'Aquilon, victorieux sur les Orientaux, et sera en iceux faict si grand bruit et tumulte bellique, que tout icelny Orient tremblera de la frayeur d'iceux freres, non freres Aquilonaires. Et pour ce, Sire, que par ce discours ie mets presque confusement ces predictions, et quand ce pourra estre et l'aduenement d'iceux, pour le denombrement du temps qui s'ensuit, qu'il n'est nullement, ou bien peu conforme au superieur : lequel, tant par voye astronomique, que par autre, mesmes de sacrees escriptures, qui ne peuuent faillir nullement, que si ie vouloi à un chacun quatrain mettre le dénombrement du temps, se pourroit faire : mais à tous ne seroit agreable, ne moins les interpreter, iusques à ce, Sire, que vostre Maiesté m'aye octroyé ample puissance pour ce faire, pour ne donner cause aux calomniateurs de me mordre. Toutesfois, contans les ans depuis la creation du monde, iusques à la naissance de Noé, sont passez mil cinq cens et six ans, et depuis la naissance de Noé iusques à la parfaicte fabrication de l'arche, approchant de l'vniuerselle inondation, passerent six cens ans (si les dons estoient solaires ou lunaires, ou de dix mixtions) ie tiens ce que les sacreés Escritures tiennent qu'estoient solaires. Et à la fin d'iceux six ans, Noé entra dans l'arche, pour estre sauué du deluge ; et fut iceluy deluge vniuerselle sur la terre, et dura vn an deux mois. Et depuis la fin du deluge iusques à la natiuité d'Abraham, passa le nombre des ans de deux cens nonante cinq. Et depuis la natiuité d'Abraham iusques à la natiuité d'Isaac passerent cent ans. Et depuis Isaac iusques à Iacob, soixante ans, dés l'heure qu'il entra en Egypte iusques à l'yssue d'iceluy passerent cent trente ans. Et depuis l'entree de Iacob en Egypte iusques à l'yssue d'iceluy passerent quatre cens trente ans. Et depuis l'vssue d'Egypte iusques à l'edification du Temple faicte par Salomon au quatriesme an de son regne, passerent quatre cent octante, ou quatre vingts ans. Et depuis l'edification du temple iusques à Iesus-Christ, selon la supputation des hierographes, passerent quatre cens nonante ans. Et ainsi par ceste supputation que i'ai faicte colligee par les sacrees lettres, sont enuiron quatre mille cent septante trois ans et huict mois, peu ou moins. Or de Iesus-Christ en ça, par la diuersité des sectes, ie le laisse, et ayant supputé et calculé les presentes propheties, le tout selon l'ordre de la chaisne qui contient sa reuolution, le tout par doctrine astronomique, et selon mon naturel instinct, et apres quelque temps et dans iceluy comprenant depuis le temps que Saturne qui tournera entrer à sept du mois d'auril, iusques au 25 d'aoust, Iupiter à 14 de iuin iusques au 7 octobre, mars depuis le 17 d'auril iusques au 22 de iuin, Venus depuis le 9 d'auril iusques au 22 de may, Mercure depuis le 3 de feurier iusques au 24 dudit; en apres du premier de iuin iusques au 24 dudit, et du 25 de septembre iusques au 16 d'octobre, Saturne en Capricorne,

corne, Iupiter en Aquarius, Mars en Scorpion, Venus en Pisces, Mercure dans vn mois en Capricorne, Aquarius et Pisces, la Lune en Aquarius, la teste du Dragon en Libra; la queue à son signe opposite suiuant vne conionction de Iupiter à Mercure, auec vn quadrin aspect de Mars à Mercure, et la teste du Dragon sera auec vne conionction du Soleil à Iupiter, l'annee sera pacifique sans eclipse, et non du tout, et sera le commencement comprenant se de ce que durera et commençant icelle annee sera faicte plus grande persecution à l'Eglise chrestienne, que n'a esté faicte en Affrique, et durera ceste icy iusques à l'an mil sept cens nonante deux que l'on cuidera estre une renouation de siecle: apres commencera le peuple romain de se redresser et de chasser quelques obscures tenebres receuant quelque peu de leur pristine clarté, non sans grande diuision et continuels changemens. Venise en apres en grande force et puissance leuera ses aisles si tres haut, ne distant gueres aux forces de l'antique Rome. Et en iceluy temps grandes voilles Bisantines associees aux Ligustiques par l'appuy et puissance Aquilunaire, donnera quelque empeschement que des deux Cretenses ne leur sera la foy tenue. Les arcs edifiez par les antiques Martiaux, s'accompagneront aux ondes de Neptune. En l'Adriatique sera faicte discorde grande, ce que sera vni sera separé,

Partie II. P

approchera de maison ce que parauant estoit et est grande cité, comprenant le Pempotam la Mesopotamie de l'Europe a quarante cinq, et auttes de quarante vn, quarante deux et trente sept. Et dans iceluy temps, et en icelles contrees la puissance infernalle mettra à l'encontre de l'Eglise de Iesus-Christ la puissance des aduersaires de sa loy, qui sera le second Antechrist, lequel persecutera icelle Eglise et son vray Vicaire, par le moyen de la puissance des Roys temporels, qui seront par leur ignorence seduicts par langue, qui trencheront plus que nul glaiue entre les mains de l'insensé. Et durant icelle supputation astrologique, conferee aux sacrees lettres, la persecution des gens ecclesiastiques prendra son origine par la puissance des Roys aquilonaires, vnis auec les Orientaux. Puis dans la mesme annee et les suiuantes s'en ensuyura la plus horrible pestilence, et la plus merueilleuse par la famine precedente et si grandes tribulations que iamais soit aduenue telle depuis la premiere fondation de l'Eglise chrestienne, et par toutes les regions Latines. Demeurant par les vestiges en aucunes contrees des Espaignes. Par lors le tiers Roy aquilonaire entendant la plaincte du peuple de son principal tiltre, dressera si grande armee, et passera par les destroits de ses derniers auites et bisayeulx, qui remettra la plus part en son estat, et le grand Vicaire de la cappe sera mis en son pristin estat : mais desolé, et puis du tout abandonné, et tournera estre *Sancta sanctorum* destruite par Paganisme, et le vieux et nouueau testament seront dechassez, brulez, en apres l'Antechrist sera le prince infernal, encores par la derniere foy trembleront tous les Royaumes de la Chrestienté, et aussi des infideles, par l'espace de vingt cinq ans; et feront plus grieues guerres et batailles, et seront villes citez, chasteaux, et tous autres edifices brulez, desolez, destruicts auec grande effusion de sang vestal, mariees, et vefues violez, enfans de laict contre les murs des villes allidez et brisez, et tant de maux se commettront par le moyen de Satan, prince infernal, que presque le monde vniuersel se trouuera defaict et desolé; et auant iceux aduenemens aucuns oiseaux insolites crieront par l'air *Huy, huy,* et seront apres quelque temps esuanouys. Et apres que tel temps aura duré longuement, sera presque renouuellé un autre regne de Saturne, et siecle d'or, Dieu le Createur dira entendant l'affliction de son peuple, Satan sera mis et lié dans l'abysme du barathre dans la profonde fosse; et adonc commencera entre Dieu et les hommes vne paix vniuerselle, et demeurera lié enuiron l'espace de mille ans, et tournera en sa plus grande force, la puissance ecclesiastique, et puis tourne deslié.

Que toutes ces figures sont iustement adaptees

par les diuines lettres aux choses celestes visibles, c'est à scauoir, par Saturne, Iupiter et Mars, et les autres conioinct, comme plus à plein par aucuns quadrins l'on pourra veoir. I'eusse calculé plus profondement et adapté les vns auecques les autres. Mais voyant, ô serenissime Roy, que quelques vns de la censure trouueront difficulté, qui sera cause de retirer ma plume à mon repos nocturne; mais tant seulement ie vous requiers, ô Roy tresclement, par icelle vostre singuliere et prudente humanité, d'entendre plustost le desir de mon courage, et le souuerain estude que i'ai d'obeyr à vostre serenissime Maiesté, depuis que mes yeux furent si proches de vostre splendeur solaire que la grandeur de mon labeur n'attainct ne requiert. De Salon ce 27 de iuin mil cinq cens cinquante huict.

Faciebat Michael Nostradamus,
Salonæ Petreæ Prouinciæ.

PROPHETIES
DE NOSTRADAMVS.
CENTURIE VIII.

PAV, NAY, LORON plus feu qu'à sang sera,
Laude nager, fuir grand aux surrez :
Les agassas entree refusera
Pampon, Durance les tiendra enserrez.

2.

Condon et Aux et autour de Mirande,
Ie voy du ciel feu qui les enuironne :
Sol, Mars conioint au Lyon, puis Marmande,
Foudre, grand grele, mur tombe dans Garonne.

3.

Au fort Chasteau de Vigilanne et Resuiers,
Sera serré le puisnay de Nancy,
Dedans Turin seront ards les premiers,
Lors que deuil Lyon sëra transy.

4.

Dedans Monech le coq sera reçeu,
Le cardinal de France apparoistra,
Par Legation Romain sera deçeu,
Foiblesse à l'Aigle, et force au coq naistra.

p 3

5.

Apparoistra temple luisant orné,
La lampe et cierge à Borne et Bretueil :
Pour la lucerne le canton destorné,
Quand on verra le grand coq au cercueil.

6.

Clarté fulgure à Lyon apparante,
Luysante, print Malte, subit sera estainte,
Sardon, Mauris traitera deceuante,
Geneue à Londres à coq trahison faincte.

7.

Verceil, Milan donra intelligence,
Dedans Tyrcin sera faicte la playe :
Courir par Seine eau, sang, feu par Florence,
Vnique choir d'hault en bas faisant maye.

8.

Pres de Linterne, dans des tonnes fermez,
Chiuaz fera pour Aigle la menee :
L'esleu cassé luy ses gens enfermez,
Dedans Turyn rapt espouse emmenee.

9.

Pendant que l'Aigle et le Coq à Sauone,
Seront vnis, Mer leuant et Hongrie :
L'armee à Naples, Palerme, Marque d'Ancone,
Rome, Venise par barbe horrible crie.

10.

Puanteur grande sortira de Lausanne,
Qu'on ne sçaura l'origine du fait :

L'on mettra hors toute la gent loingtaine,
Feu veu au ciel, peuple estranger desfait.

11.

Peuple infiny paroistra à Vincence,
Sans force, feu brusler la basilique :
Pres de lunage desfait grand de Valence,
Lors que Venise par mort prendra pique.

12.

Apparoistra auprés de Buffalore,
L'haut et procere entré dedans Milan :
L'abbé de Foix avec ceux de sainct More,
Feront la forbe habillez en vilan.

13.

Le croisé frere par amour effrennee,
Fera par Praytus Bellerophon mourir :
Classe à mil ans la femme forcenee,
Beu le breuuage, tous deux apres perir.

14.

Le grand credit d'or d'argent l'abondance,
Fera aueugler par libide l'honneur :
Sera cogneu d'adultere l'offense,
Qui paruiendra à son grand deshonneur.

15.

Vers Aquilon grands efforts par hommasse,
Presque l'Europe et l'vniuers vexer :
Les deux eclipses mettra en telle chasse,
Et aux Pannons vie et mort renforcer.

CENTVRIE VIII.

16.

Au lieu que HIERON fait sa nef fabriquer,
Si grand deluge sera et si subite,
Qu'on n'aura lieu ne terres s'attaquer,
L'onde monter Fesulan Olympique.

17.

Les bien aisés subit seront desmis,
Par les trois freres le monde mis en trouble :
Cité marine saisiront ennemis,
Faim, feu, sang, peste et de tous maux le double.

18.

De Flora issue de sa mort sera cause,
Vn temps deuant par ieune et vieille bueyre,
Par les trois lys luy feront telle pause,
Par son fruit sauue comme chair crue muyere.

19.

A soustenir la grand cappe troublee,
Pour l'esclaircir les rouges marcheront,
De mort famille sera presque accablee,
Les rouges rouges le rouge assommeront.

20.

Le faux message par election fainte,
Courir par vrbe rompue pache arrest,
Voix achetees, de sang chapelle tainte,
Et à un autre l'Empire contraincte.

21.

Au port de Agde trois fustes entreront,
Portant l'infect, non foy, et pestilence,

CENTVRIE VIII.

Passant le pont mil milles trembleront,
Et le pont rompre à tierce resistance.

22.

Gorsan, Narbonne, par le sel aduertir
Tucham, la grace et Parpignan trahie,
La ville rouge n'y voudra consentir,
Par hault vol draps gris vie faillie.

23.

Lettres trouuees de la Royne les coffres,
Point de subscrit sans aucun nom d'auteur :
Par la police seront cachez les offres,
Qu'on ne saura qui sera l'amateur.

24.

Le Lieutenant à l'entree de l'huis,
Assommera le grand de Parpignan,
Et se cuidant sauuer à Montpertuis,
Sera deceu bastard de Lusignan.

25.

Cœur de l'amant ouuert d'amour furtiue,
Dans le ruisseau fera rauir la Dame,
Le demy mal contre fera lassiue,
Le pere à deux priuera corps de l'ame.

26.

De Caton és trouuez en Barselonne,
Mys descouuerts lieux retrouuez et ruyne,
Le grand qui tient ne tient voudra Pamplonne,
Par l'abbage de Montferrat bruyne.

27.

La voye auxelle l'vn sur l'autre forn x,
Du muy desert hors mis braue et genest,
L'esc.it d'Empereur le Phenix,
Veu à celuy qu'à nul autre n'est.

28.

Les simulachres d'or et d'argent enflez,
Qu'apres le rapt au feu furent iettez,
Au decouuert estaincts et tous troublez :
Au marbre escrits, perscrits interiettez.

29.

Au quart pilier l'on sacre à Saturne,
Par tremblant terre et deluge fendu,
Soubs l'edifice Saturnin trouuee vrne,
D'or Capion rauy et puis rendu.

30.

Dedans Tholoze non loing de Beluzer,
Faisant un puys loing, palais d'espectacle
Thresor trouué, vn chacun ira vexer,
Et en deux locz tout et pres de l'usacle.

31.

Premier grand fruict le Prince de Persquiere.
Mais puis viendra bien et cruel malin.
Dedans Venise perdra sa gloire fiere,
Et mis à mal par plus ioyue Colin.

32.

Garde toy Roy Gaulois de ton nepueu,
Qui fera tant que ton vnique fils,

CENTVRIE VIII.

Sera meurtry à Venus faisant vœu,
Accompagné de nuict que trois et six.

33.

Le grand naistra de Veronne et Vincence,
Qui portera vn surnom bien indigne :
Qui à Venise voudra faire vengence,
Luy mesme prins homme du guet et signe.

34.

Apres victoire du Lyon au Lyon,
Sous la montagne de IVRA Secatombe,
Delues et brode septiesme million,
Lyon, Vlme à Mausol mort et tombe.

35.

Dedans l'entree de Garonne et Bayse,
Et la forest non loing de Damasan
Du marsuaues gelees, puis gresle et bise
Dordonnois gelle par erreur du Mezan.

36.

Sera commis contre oindre aduché
De Saulne et sainct Aulbin et Bel l'œuure
Pauer de marbre de tours loing espluché
Non Bleteran resister et chef d'œuvre.

37.

La forteresse auprés de la Tamise
Cherra par lors, le Roy dedans serré,
Aupres du pont sera veu en chemise
Vn deuant mort, puis dans le fort barré.

38.

Le Roy de Bloys dans Auignon regner
Vne autre fois le peuple emonopolle,
Dedans le Rosne par meurs fera baigner,
Iusques à cinq le dernier pres de Nolle.

39.

Qu'aura esté par prince Bizantin,
Sera tollu par prince de Tholouse :
La foy de Foix par le chef Tholentin
Luy faillira, ne refusant l'espouse.

40.

Le sang du Iuste par Taurer la Daurade,
Pour se venger contre les Saturnins :
Au nouueau lac plongeront la maynade,
Puis marcheront contre les Albanins.

41.

Esleu sera Renard ne sonnant mot,
Faisant le saint public viuant pain d'orge,
Tyrannizer apres tant à un cop,
Mettant à pied des plus grands sur la gorge.

42.

Par auarice, par force et violence
Viendra vexer les siens chefs d'Orleans :
Pres de sainct Memire assault et resistance,
Mort dans sa tante diront qu'il dort leans.

43.

Par le decide de deux choses bastards,
Nepueu du sang occupera le regne :

Dedans

CENTVRIE VIII.

Dedans Lectroyre seront les coups de dars,
Nepueu par peur pliera l'enseigne.

44.

Le procree naturel Dogmion,
De sept à neuf du chemin destorner :
A Roy de longue amy et aumy hom,
Doit à Nauarre fort de PAV prosterner.

45.

La main escharpe et la iambe bandee,
Long puis nay de Calais portera :
Au mot du guet la mort sera tardee,
Puis dans le temple à Pasques saignera.

46.

Pol mansolee mourra trois lieues du Rosne,
Fuis les deux prochains tarasc des trois :
Car Mars fera le plus horrible trosne,
De coq et d'aigle de France freres trois.

47.

Lac Trasmenien portera tesmoignage,
Des coniurez sarez dedans Peruse,
Vn despolié contrefera le sage,
Tuant Tedesq de Sterne et minuse.

48.

Saturne en Cancer, Iupiter auec Mars,
Dedans Feurier Caldondon saluterre :
Sault Castallon assailly de trois pars,
Prés de Verbiesque conflict mortelle guerre.

Partie II. q

49.

Satur au bœuf ioue en l'eau, Mars en fleche,
Six de Feurier mortalité donra :
Ceux de Tardaigne à Bruge si grand breche,
Qu'à Ponterose chef Barbarin mourra.

50.

La pestilence l'entour de Capadille,
Vn autre faim pres de Sagont s'apreste :
Le cheualier bastard de bon senille,
Au grand de Thunes fera trancher la teste.

51.

Le Bizantin faisant oblation,
Apres auoir Cordube à soi reprinse :
Son chemin long repos pamplation,
Mer passant proy par la Gonlongna prinse.

52.

Le Roy de Blois dans Auignon regner,
D'Amboise et seme viendra le long de Lyndre
Ongles à Potiers sainctes aisles ruyner,
Deuant Boni.

53.

Dedans Boulogne voudra lauer ses fautes,
Il ne pourra au temple du Soleil :
Il volera faisant choses si hautes,
En Hierarchie n'en fut oncq vn pareil.

54.

Soubs la coleur du traicté mariage,
Faict magnanime par grand Chiren selin,

Quentin, Arras recouurez au voyage,
D'Espagnols faict second banc marcelin.

55.

Entre deux fleuues se verra enserré,
Tonneaux et caques vnis à passer outre,
Huict ponts rompus chef à tant enferré,
Enfans parfaicts sont iugulez en coultre.

56.

La bande foible la terre occupera
Ceux du hault lieu feront horribles cris :
Le gros troupeau d'estre coin troublera.
Tombe pres D. Nebro descouuers les escrits.

57.

De soldat simple paruiendra en Empire,
De robe courte paruiendra à la longue
Vaillant aux armes en Eglise ou plus pyre,
Vexer les prestres comme l'eau fait l'esponge.

58.

Regne en querelle aux freres diuisé,
Prendre les armes et le nom Britannique
Tiltre Anglican sera tard aduisé,
Surprins de nuict mener à l'air Gallique.

59.

Par deux fois hault, par deux fois mis à bas
L'Orient aussi l'Occident foiblira,
Son aduersaire apres plusieurs combats,
Par mer chassé au besoing faillira.

60.

Premier en Gaule, premier en Romanie,
Par mer et terre aux Anglois et Paris :
Merueilleux faicts par celle grand mesnie,
Violant terax perdera le NORLARIS.

61.

Iamais par le decouurement du iour,
Ne paruiendra au signe septifere,
Que tous ces sieges ne soient en ce iour,
Portant au coq don du TAG armifere.

62.

Lors qu'on verra expiler le sainct Temple,
Plus grand du Rosne leurs sacrez prophaner :
Par eux naistra pestilence si ample,
Roy fait iniuste ne fera condamner.

63.

Quand l'adultere blessé sans coup aura,
Meurdry la femme et le fils par despit,
Femme assommee l'enfant estranglera.
Huict captifs prins, s'estouffer sans respit.

64.

Dedans les Isles les enfans transportez,
Les deux de sept seront en desespoir,
Ceux du terroüer en seront suportez,
Nom pelle prins des ligues fuy l'espoir.

65.

Le vieux frustré du principal espoir,
Il paruiendra au chef de son Empire,

CENTVRIE VIII.

Vingt mois tiendra le regne à grand pouuoir
Tyran, cruel en delaissant un pire.

66.

Quand l'escriture D. M. trouuee,
Et caue antique à lampe descouuerte,
Loy, Roy et Prince Vlpian esprouuee,
Pauillon Royne et Duc sous la couuerte.

67.

PAR. CAR, NERSAF, à ruyne grand discorde
Ne l'vn ne l'autre n'aura election,
Nersaf du peuple aura amour et concorde
Ferrare, Collogne grande protection.

68.

Vieux Cardinal par le ieune deceu,
Hors de sa charge se verra desarmé
Arles ne monstres, double soit aperceu,
Et liqueduct et le Prince embaumé.

69.

Aupres du ieune le vieux Ange baisser,
Et le viendra surmonter à la fin :
Dix ans esgaux aux plus vieux rabaisser.
De trois deux l'vn huictiesme Seraphin.

70.

Il entrera vilain, meschant infame,
Tyrannisant la Mesopotamie,
Tous amis faict d'adulterine dame,
Terre horrible noir de phisonomie.

71.

Croistra le nombre si grand des Astronomes,
Chassez, bannis et liures censurez,
L'an mil six cens et sept par sacre glomes,
Que nul aux sacres ne seront asseurez.

72.

Cham Perusin ô l'enorme deffaite,
Et le conflict tout aupres de Rauenne,
Passage sacré lors qu'on fera la feste,
Vainqueur vaincu cheual manger l'auenne.

73.

Soldat Barbare le grand Roy frappera,
Iniustement non eslongné de mort,
L'auare mere du fait cause sera,
Coniurateur et regne en grand remort.

74.

En terre neufue bien auant Roy entré,
Pendant subiects luy viendront faire accueil,
Sa perfidie aura tel rencontré
Qu'aux citadins lieux de feste et recueil.

75.

Le pere et fils seront meurdris ensemble
Le perfecteur dedans son pauillon,
La mere à Tours du fils ventre aura enfle,
Cache verdure de feuilles papillon.

76.

Plus Macelin que Roy en Angleterre
Lieu obscur nay par force aura l'Empire,

CENTVRIE VIII.

Lasche sans foy, sans loy seignera terre,
Son temps s'approche si pres que ie souspire.

77.

L'Antechrist trois bien tost annichilez,
Vingt et sept ans sang durera sa guerre,
Les heretiques morts, captifs exilez.
Sang corps humain eau rougie gresler terre.

78.

Vn Bragamas auec la langue torte,
Viendra des dieux piller le sanctuaire,
Aux heretiques il ouurira la porte
En suscitant l'Eglise militaire.

79.

Qui par fer pere perdra nay de Nonnaire,
De Gorgon la sera sang preferant
En terre estrange fera si tout de taire,
Qui bruslera lui-même et son entant.

80.

Des innocens le sang de vefue et vierge,
Tant de maux faits par moyen ce grand Roge,
Saints simulachres trempez en ardant cierge,
De frayeur crainte ne verra nul que boge.

81.

Le neuf empire en desolation,
Sera changé du pole aquilonaire,
De la Sicile viendra l'emotion
Troubler l'emprise à Philipp. tributaire.

82.

Rouge long, sec faisant du bon valet,
A la parfin n'aura que son congie,
Poignant poison, et lettres au collet
Sera saisi eschappé en dangie.

83.

Le plus grand voile hors du port de Zara,
Pres de Bisance fera son entreprise,
D'ennemy perte et l'amy ne sera
Le tiers à deux fera grand pille et prise.

84.

Paterne orra de la Sicile crie,
Tous les aprest du goulphre de Trieste,
Qui s'entendra iusqu'à la Trinacrie,
De tant de voiles fuy l'horrible peste.

85.

Entre Bayonne et à sainct Iean de Lux
Sera posé de Mars le promontoire:
Aux Hanix d'Aquilon Nanar ostera Lux,
Puis suffoqué au lict sans adiutoire.

86.

Par Harnani Tholoser Ville Franque,
Bande infinie par le mont Adrian,
Passe riuiere, Hutin par pont la planque,
Bayonne entrer tous Bichoro criant.

87.

Mort conspiree viendra en plein effect,
Charge donnee et voyage de mort

CENTVRIE VIII.

Esleu, crec, receu par siens deffaict,
Sang d'innocent devant foy par remort.

88.

Dans la Sardaigne vn noble Roy viendra,
Qui ne tiendra que trois ans le Royaume :
Plusieurs couleurs auec soy conioindra,
Luy mesme apres soin sommeil marrit scome.

89.

Pour ne tomber entre mains de son oncle,
Qui ses enfans par regner trucidez,
Orant au peuple mettant pied sur Peloncle,
Mort et traisné entre cheuaux bardez.

90.

Quand des croisez vn trouué de sens trouble,
En lieu du sacre verra vn bœuf cornu
Par vierge porc son lieu lors sera comble,
Par Roy plus ordre ne sera soustenu.

91.

Parmy les champs des Rodanes entrees
Ou les croysez seront presque vnis,
Les deux brasiers en pisces rencontrees
Et un grand nombre par deluge punis.

92.

Loing hors du regne mis en hazard voyage,
Grand ost duyra pour soy l'occupera,
Le Roy tiendra les siens captif ostage,
A son retour tout pays pillera.

93.

Sept mois sans plus obtiendra prelature,
Par son decez grand scisme fera naistre,
Sept mois vn autre tiendra la preture,
Pres de Venise paix vnion renaistre.

94.

Deuant le lac où plus cher fut getté,
De sept mois et son ost tout desconfit :
Seront Hyspans par Albanois gastez,
Par delay perte en donnant le conflict.

95.

Le seducteur sera mis en la fosse,
Et estaché iusques à quelque temps,
Le clerc vny le chef auec sa crosse,
Pycante droite attraira les contens.

96.

La Synagogue sterile sans nul fruict,
Sera receuë entre les infideles,
De Babylon la fille du poursuit,
Misere et triste luy trenchera les aisles.

97.

Aux fins du VAR changer le Pompotans,
Pres du riuage les trois beaux enfans naistre,
Ruyne au peuple par aage competans,
Regne aux pays changer et plus voir croistre.

98.

De gens d'Eglise sang sera espanché,
Comme de l'eau en si grande abondance,

CENTVRIE VIII.

Et d'vn long temps ne sera restanché,
Væ, væ au clerc ruyne et doleance.

99.

Par la puissance des trois Roys temporels,
En autre lieu sera mis le sainct siege :
Où la substance de l'esprit corporel,
Sera remis et receu pour vray siege.

100.

Pour l'abondance de larmes respandue.
En haut en bas par le bas au plus hault,
Trop grande foy par ieu vie perdue,
De soif mourir par abondant deffault.

AVTRES Quatrains cy devant imprimés soubz la Centvrie huictiésme.

Seront confus plusieurs de leur attente,
Aux habitans ne sera pardonné,
Qui bien pensoient perseuerer l'attente
Mais grand loisir ne leur sera donné.

2.

Plusieurs viendront et parleront de paix,
Entre monarques et seigneurs bien puissans,
Mais ne sera accordé de si près,
Que ne se rendent plus qu'autres obeïssans.

3.

Las quelle fureur, helas quelle pitié !
Il y aura entre beaucoup de gens,
On ne vit onc vne telle amitié,
Qu'auront les loups à courir diligens.

4.

Beaucoup de gens voudront parlementer,
Aux grands seigneurs qui leur feront la guerre,
On ne voudra en rien les escouter,
Hélas ! si Dieu n'enuoye paix en terre.

5.

Plusieurs secours viendront de tous costez,
De gens loingtains qui voudront resister :
Ils seront tout à vn coup bien hastez,
Mais ne pourront pour ceste heure assister.

6.

Las quel desir ont Princes estrangers,
Garde toy bien qu'en ton pays ne vienne,
Il y auroit de terribles dangers,
En maints contrees, mesme en la Vienne.

PROPHETIES

DE NOSTRADAMVS.

CENTVRIE IX.

Dans la maison du traducteur de Bours
Seront les lettres trouuees sur la table,
Borgne,

Borgne, roux, blanc, chenu tiendra de cours,
Qui changera au nouueau Connestable.

2.

Du haut du mont Auentin voix ouye,
Vuidez vuidez de tous les deux costez,
Du sang des rouges sera l'ire assouuie,
D'Arimin Prato, Columna debotez.

3.

La magna vaqua à Rauenne grand trouble,
Conduicts par quinze enserrez à Fornase :
A Rome naistra deux monstres à teste doub'e,
Sang, feu, deluge, les plus grand à l'espase.

4.

L'an ensuiuant descouuerts par deluge,
Deux chefs esleuz ; le premier ne tiendra :
De fuyr ombre à l'vn d'eux le refuge,
Saccagee case qui premier maintiendra.

5.

Tiers doit du pied au premier semblera,
A vn nouueau Monarque de bas haut,
Qui Pyse et Luques tyran occupera,
Du precedent corriger le deffaut.

6.

Par la Guyenne infinité d'Anglois,
Occuperont par nom d'Anglaquitaine,
Du Languedoc Ispalme Bourdelois,
Qu'ils nommeront apres Barboxitaine.

Partie II.   I

7.

Qui ouurira le monument trouué,
Et ne viendra le serrer promptement,
Mal luy viendra, et ne pourra prouué,
Si mieux doit estre Roy Breton ou Normand.

8.

Puysnay Roy faict son pere mettre à mort,
Apres conflict de mort tres inhoneste:
Escrit trouué, soupçon donra remort,
Quand loup chassé pose sur la couchette.

9.

Quand lampe ardente de feu inextinguible,
Sera trouué au temple des Vestales,
Enfant trouué feu, eau passant par crible,
Perir eau Nymes, Tolose cheoir les halles.

10.

Moyne Moynesse d'enfant mort exposé,
Mourir par ourse, et rauy par verrier,
Par Foix et Pamyes le camp sera posé,
Contre Tholose Carcas dresser fourrier.

11.

Le iuste à tort à mort l'on viendra mettre,
Publiquement, et du milieu esteint:
Si grande peste en ce lieu viendra naistre,
Que les iugeans fuyr seront contraints.

12.

Le tant d'argent de Diane et Mercure,
Les simulachres au lac seront trouuez:

Le figulier cherchant argille neuue,
Luy et les siens d'or seront abbreuuez.

13.

Les exilez autour de la Soulongne,
Conduits de nuict pour marcher à Lauxois,
Deux de Modenne truculent de Bologne,
Mis descouuerts par feu de Burançois.

14.

Mis en planure chauderon d'infecteurs,
Vin, miel et huylle, et bastis sur fourneaux,
Seront plongez, sans mal dict mal faicteurs,
Sept. fum. extinct au canon des bordeaux.

15.

Pres de Parpan les rouges detenus,
Ceux du milieu parfondrez menez loing,
Trois mis en pieces, et cinq mal soustenus.
Pour le Seigneur et Prelat de Bourgoing.

16.

De Castel Franco sortira l'assemblee,
L'ambassadeur non plaisant fera scisme:
Ceux de Ribiere seront en la meslee,
Et au grand gouffre desnier ont l'entree.

17.

Le tiers premier pis que ne fit Neron,
Vuidez vaillant que sang humain respandre,
Reedifier fera le forneron,
Siecle d'or mort, nouueau roy grand esclandre.

CENTVRIE IX.

18.

Le lys Dauffois portera dans Nancy,
Iusques en Flandres electeur de l'Empire,
Neufue obturee au grand Montmorency,
Hors lieux prouuez deliure à clere peine.

19.

Dans le milieu de la forest Mayenne,
Sol au Lyon la foudre tombera,
Le grand bastard yssu du grand du Maine,
Ce iour Fougeres pointe en sang entrera.

20.

De nuict viendra par la forest de Reines,
Deux pars voltorte Herne la pierre blanche,
Le moyne noir en gris dedans Varennes,
Esleu cap..cause tempeste, feu, sang, tranche.

21.

Au temple hault de Blois sacre Salonne,
Nuict pont de Loyre, prelat, Roy pernicant,
Cuiseur victoire aux marests de la Ione,
D'où prelature de blancs abormeant.

22.

Roy et sa cour au lieu de langue halbe,
Dedans le temple vis à vis du palais,
Dans le jardin Duc de Mantor et d'Albe,
Albe et Mantor poignard langue et palais.

23.

Puisnay iouänt au fresch desous la tonne,
Le haut du toict du milieu sur la teste,

CENTVRIE IX.

Le pere Roy au temple sainct Solonne,
Sacrifiant sacrera fum de feste.

24.

Sur le palais au rocher des fenestres,
Seront auis les deux petits royaux,
Passer aureille Luthece, Denis Cloistres,
Nonnain, Mallods aualler vers noyaux.

25.

Passant les ponts, venir pres des rosiers
Tard arriué plustost qu'il cuidera,
Viendront les nones Espagnols à Besiers,
Qu'a icelle chasse emprinse cassera.

26.

Nice sortie sur nom des lettres aspres,
La grande cappe fera present non sien :
Proche de Vultry aux murs de vertes capres,
Apres plombim le vent à bon essien.

27.

De bois la garde, vent clos rond pont sera,
Haut le receu frappera le Dauphin,
Le vieux teccon bois vnis passera,
Passant plus outre du Duc le droict confin.

28.

Voille Symacle port Massiliolique,
Dans Venise port marcher aux Pannons :
Partir du goulfre et Synus Illyrique,
Vast à Socille, Ligurs coup de canons.

r 3

29.

Lors que celuy qu'à nul ne donne lieu,
Abandonner voudra lieu prins non prins :
Feu nef par seignes, bitument a Charlieu,
Seront Quintin Balez et puis reprins.

30.

Au port de PVOLA, et de sainct Nicolas,
Peril Normande au goulfre Phanatique,
Cap. de Bisance rue crier helas !
Secours de Gaddes et du grand Philippique.

31.

Le tremblement de terre à Mortara,
Chassich sainct George à demy perfrondez :
Paix assopie, la guerre esueillerra,
Dans Temple à Pasques abysmes enfondrez.

32.

De fin Porphire profond collon trouuee,
Dessous la laze escrits capitolin :
Os poil retors Romain force prouuee,
Classe agiter au port de Methelin.

33.

Hercules Roy de Rome et d'Annemarc,
De Gaule trois le Guion surnommé,
Trembler l'Itale et l'vne de sainct Marc,
Premier sur tous Monarque renommé.

34.

Le part soluz mary sera mitré,
Retour conflict passera sur la thuille :

CENTVRIE IX.

Par cinq cens vn trahyr sera tiltré,
Narbon et Saulce par contaux auons d'huille.

35.

Et Ferdinand blonde sera descorte,
Quitter la fleur, suiure le Macedon :
Au grand besoing defaillira sa route,
Et marchera contre le Myrmidon.

36.

Vn grand Roy prins entre les mains d'un ioyne
Non loing de Pasque confusion coup cultre :
Perpet captifs temps que foudre en la huine,
Lors que trois freres se blesseront et meurtre.

37.

Pont et moulins en Decembre versez,
En si haut lieu montera la Garonne :
Murs, edifice, Tolose renuersez,
Qu'on ne sçaura son lieu autant matronne.

38.

L'entree de Blaye par Rochelle et l'Anglois,
Passera outre le grand Aematien,
Non loin d'Agen attendra le Gaulois,
Secours Narbonne deçeu par entretien.

39.

En Arbissel à Veront et Carcari,
De nuict, conduits pour Sauone attraper,
Le vif Gascon Turby, et la Scerry
Derrier mur vieux et neuf palais griper.

40.

Pres de Quintin dans la forest bourlis,
Dans l'abbaye seront Flamans tranchez :
Les deux puisnais de coups my estourdis,
Suite oppressee et garde tous achez.

41.

Le grand Chyren soy saisir d'Auignon,
De Rome lettres en miel plein d'amertume,
Lettre ambassade partir de Chanignon,
Carpentras pris par duc noir rouge plume.

42.

De Barcelonne, de Gennes et Venise,
De la Secille peste Monet vnis :
Contre Barbare classe prendront la vise,
Barbar poulsé bien loing iusqu'à Thunis.

43.

Proche à descendre l'armee Crucigere
Sera guettee par les Ismaëlites,
De tous costez batus par nef Rauiere,
Prompt assaillis de dix galeres eslites.

44.

Migrés, migrés de Genefue trestous,
Saturne d'or en fer se changera,
Le contre RAYPOZ exterminera tous,
Auant l'aduent le ciel signes fera.

45.

Ne sera soul iamais de demander,
Grand MENDOSVS obtiendra son empire :

CENTVRIE IX.

Loing de la cour fera contremander,
Pymond, Picard, Paris, Tyron le pire.

46.

Vuidez, fuyez de Tholose les rouges,
Du sacrifice faire piation,
Le chef du mal dessous l'ombre des courges :
Mort estrangler carne omination.

47.

Les soubz signez d'indigne deliurance,
Et de la multe auront contraire aduis :
Change monarque mis en perille pence,
Serrez en cage se verront vis à vis.

48.

La grand' cité d'Occean maritime
Enuironnee de marets en christal :
Dans le solstice hyemal et la prime,
Sera tentees de vent espouuental.

49.

Gand et Bruceles marcheront contre Anuers,
Senat de Londres mettront à mort leur Roy.
Le sel et vin luy seront à l'enuers,
Pour eux auoir le regne en desarroy.

50.

Mendosus tost viendra à son haut regne,
Mettant en arriere vn peu les Norlaris :
Le rouge blesme le masle à l'interregne,
Le ieune crainte et frayeur Barbaris.

51.

Contre les rouges sectes se banderont,
Feu, eau, fer, corde par paix se minera,
Au pont mourir ceux qui machineront,
Fors vn que monde surtout ruynera.

52.

La paix s'approche d'vn costé, et la guerre,
Oncques ne fut la poursuitte si grande,
Plaindre homme, femme sang innocent par terre,
Et ce sera de France à toute bande.

53.

Le Neron ieune dans les trois cheminees
Fera de paiges vifs pour ardoir ietter,
Heureux qui loing sera de tels menees,
Trois de son sang le feront mort gueter.

54.

Arriuera au port de Corsibonne
Pres de Rauenne, qui pillera la dame,
En mer profonde leger de la Vlisbonne
Sous roc cachez rauiront septante ames.

55.

L'horrible guerre qu'en l'Occident s'appreste
L'an ensuiuant viendra la pestilence,
Si fort horrible que ieune, vieux ne beste
Sang, feu, Mercure, Mars, Iupiter en France.

56.

Camp pres de Noudam passera Goussan ville
Et à Maiotes laissera son enseigne,

Conuertira en instant plus de mille :
Cherchant les deux remettre en chaines et legne.

57.

Au lieu de DRVX vn Roy reposera,
Et cherchera loy changeant d'Anatheme,
Pendant le ciel si tres fort tonnera,
Portee neufue Roy tuera soy mesme.

58.

Au costé gauche à l'endroit de Vitry,
Seront guettez les trois rouges de France,
Tous assomez rouge, noir non meurdry,
Par les Bretons remis en asseurance.

59.

A la Ferté se prendra la Vidame,
Nicol tenu rouge qu'auoit produit la vie,
La grand Loyse naistra que fera clame,
Donnant Bourgongne à Bretons par enuie.

60.

Conflict Barbar en la Cornette noire,
Sang espandu, trembler la Dalmatie,
Grand Ismael mettra son promontoire,
Ranes trembler, secours Lusitanie.

61.

La pille faicte à la coste marine,
In cita noua et parens amenez,
Plusieurs de Malte par le faict de Messine,
Estroit serrez seront mal guerdonnez.

62.

Au grand de Chera aussi mon agora,
Seront croisez par rang tous attachez,
Le pertinax Oppi, et Mandragora,
Raugon d'Octobre le tiers seront laschez.

63.

Plainctes et pleurs, cris et grands hurlements
Pres de Narbon, à Bayonne et en Foix,
O quels horribles calamitez changements
Auant que Mars reuolu quelques fois!

64.

L'Æmathion passer monts Pyrenees,
En Mars Narbonne ne fera resistance,
Par mer et terre fera si grand menee,
Cap. n'ayant terre seure pour demeurance.

65.

Dedans le coing de Luna viendra rendre,
Où sera prins et mis en terre estrange,
Les fruicts immeurs seront à grand esclandre:
Grand vitupere à l'vn grande louange.

66.

Paix, vnion sera et changement,
Estats, Offices, bas haut, et haut bien bas;
Dresser voyage le fruict premier tourment,
Guerre cesser, ciuil procez debats.

67.

Du haut des monts à l'entour de Lizere,
Port à la roche Valent cent assemblez:

CENTVRIE IX.

De chasteau neuf Pierre late en douzere,
Contre le Crest Romans foy assemblez.

68.

Du mont Aymar sera noble obscurcie,
Le mal viendra au ioint de Saone et Rosne,
Dans bois cachez soldats iour de Lucie,
Qui ne fut onc vn si horrible throsne.

69.

Sur le mont de Bailly et la Bresse,
Seront cachez de Grenoble les fiers,
Outre Lyon, Vien eulx si grand gresle,
Langoult en terre n'en restera vn tiers.

70.

Harnois trenchans dans les flambeaux cachez,
Dedans Lyon le iour du Sacrement,
Ceux de Vienne seront trestous hachez,
Par les cantons Latins, Mascon ne ment.

71.

Aux lieux sacrez animaux veu à trixe,
Auec celuy qui n'osera le iour,
A Carcassonne pour disgrace propice,
Sera posé pour plus ample seiour.

72.

Encor seront les saincts Temples pollus,
Et expillez par Senat Tholosin :
Saturne, deux trois, siecles reuolus,
Dans Auril, May, gens de nouueaux leuain.

Partie II. S

73.

Dans Foix entrez Roy cerulee Turban:
Et regnera moins euolu Saturne
Roy Turban blanc et Bizance cœur ban,
Sol, Mars, Mercure ensemble pres la hurne.

74.

Dans la cité de Fertsod homicide,
Fait et fait multe beuf arant ne macter,
Retour encores aux honneurs d'Artemide,
Et à Vulcan corps morts sepulturer.

75.

De l'Ambraxie et du pays de Thrace,
Peuple par mer : mal et secours Gaulois,
Perpetuelle en Prouence la trace,
Auec vestiges de leur coustume et loix.

76.

Auec le noir Rapax et sanguinaire,
Yssu du peaultre de l'inhumain Neron,
Emmy deux fleuues main gauche militaire,
Sera meurtry par Ioyne chaulueron.

77.

Le regne prins le Roy conuiera,
La dame prinse à mort iurez à sort,
La vie à Royne fils on desniera,
Et la pellix au fort de la consort.

78.

La dame Grecque de beauté laydique,
Heureuse faicte de proces innumerable,

CENTVRIE IX.

Hors translatee au regne Hispanique,
Captiue prinse mourir mort miserable.

79.

Le chef de classe, rap, fraude, stratageme,
Fera timides sortir de leurs galleres,
Sortis meurtris chef renieux du cresme,
Puis par l'embusche luy rendront les salaires.

80.

Le Duc voudra les siens exterminer,
Enuoyera les plus fort lieux estranges,
Par tyrannie Bize et Luc ruiner,
Puis les Barbares sans vin feront vendanges.

81.

Le Roy rusé entendra ses embusches,
De trois quartiers ennemis assaillir.
Vn nombre estrange larmes de coqueluches,
Viendra Lemprin du traducteur faillir.

82.

Par le deluge et pestilence forte,
La cité grande de long temps assiegee,
La sentinelle et garde de main morte,
Subite prinse, mais de nul outragee.

83.

Sol vint de Taurus si fort terre trembler,
Le grand theatre remply ruinera,
L'air, Ciel et terre, obscurcir et troubler,
Lors l'infidelle Dieu et saincts voquera.

84.

Roy exposé parfaira l'hecatombe,
Apres auoir trouué son origine,
Torrent ouurir de marbre et plomb la tombe,
D'vn grand Romain d'enseigne Medusine.

85.

Passer Guienne, Languedoc et le Rosne,
D'Agen tenans de Marmande et la Roole,
D'ouurir par foy parroy, Phocen tiendra son trosne,
Conflict aupres Sainct Pol de Manseole.

86.

Du bourg Lareine paruiendront droit à Chartres
Et feront pres du pont Anthoni pause,
Sept pour la paix cauteleux comme Martres,
Feront entree d'armee à Paris clause.

87.

Par la forest du Touphon essartee,
Par hermitage sera posé le Temple,
Le Duc d'Estempes par sa ruse inuentee,
Du mont Lehori prelat donra exemple.

88.

Calais, Arras, secours à Theroanne,
Paix et semblant simulera l'escoute,
Souldre d'Alobrox descendra par Roane,
Destornay peuple qui defera la route.

89.

Sept ans sera Philip. fortune prospere,
Rabaissera des Arabes l'effort,

Puis son midy perplex rebours affaire,
Ieune ognyon abysmera son fort.

90.

Vn Capitaine de la grand Germanie,
Se viendra rendre par simulé secours,
Au Roy des Roys ayde de Pannonie,
Que sa reuolte fera de sang grand cours.

91.

L'horrible peste Perynte et Nicopolle,
Le Chersonnez tiendra et Marceloyne,
La Thessalie vastera l'Amphilpolle,
Mal incogneu, et le refus d'Anthoine.

92.

Le Roy voudra en cité neufue entrer,
Par ennemis expugner l'on viendra,
Captif libere, faux dire et perpetrer,
Roy dehors estre, loin d'ennemis tiendra.

93.

Les ennemis du fort bien esloignez,
Par chariots conduict le bastion,
Par sur les murs de Bourges esgrongnez,
Quand Hercules bastira l'Hœmathion.

94.

Foibles galeres seront vnies ensemble,
Ennemis faulx le plus fort en rampart:
Foible assaillies Vratislaue tremble.
Lubecq et Mysne tiendront barbare part.

95.

Le nouueau faict conduira l'exercice,
Proche Apamée iusqu'aupres du riuage,
Tendant secours de Millanoise eslite,
Duc yeux priué à Milan fer de cage.

96.

Dans cité entrer exercit desniee,
Duc entrera par persuasion,
Aux foibles portes clam armee amenee,
Mettront feu, mort de sang effusion.

97.

De mer copies en trois pars diuisees,
A la seconde les viures failleront,
Desesperez cherchant champs Helisees,
Premiers en breche entrez victoire auront.

98.

Les affligez par faute d'vn seul taint,
Contremenant à partie opposite,
Aux Lyonnois mandera que contraint
Seront de rendre le grand chef de Molite.

99.

Vent Aquilon fera partir le siege,
Par murs ietter cendres, chaulx, et poussiere:
Par pluyes apres, qu'il leur fera bien piege,
Dernier secours encontre leur frontiere.

CENTVRIE IX. 215
100.

Naualle pugne nuit sera superee,
Le feu, aux naues à l'Occident ruine
Rubriche neufue, la grand nef coloree,
Ire a vaincu, et victoire en bruine.

PROPHETIES
DE NOSTRADAMVS.
CENTVRIE X.

A l'ennemy, l'ennemy foy promise,
Ne se tiendra, les captifs retenus,
Prins preme mort, et le reste en chemise,
Damne le reste pour estre soustenues.

2.

Voille gallere voil de nef cachera,
La grande classe viendra sortir la moindre,
Dix naues proches le tourneront pousser,
Grande vaincue vnies à soy conioindre.

3.

En apres cinq troupeau ne mettra hors,
Vn fuytif pour Penelon laschera,
Faux murmurer, secours venir par lors,
Le chef le siege, lors abandonnera.

4.
Sus la minuict conducteur de l'armee,
Se sauuera subit euanouy,
Sept ans apres la femme non blasmee
A son retour ne dira oncq ouy.

5.
Albi et Castres feront nouuelle ligue,
Neuf Arriens Lisbon et Portugués,
Carcas, Tholose consumeront leur brigue,
Quand chef neuf monstre istra de Lauragués.

6.
Sardon Nemans si haut desborderont,
Qu'on cuidera Deucalion renaistre
Dans le colosse la plus part fuyront,
Vesta sepulchre feu esteinct apparoistre.

7.
Le grand conflict qu'on appreste à Nancy,
L'Æmathien dira tout ie soubmets,
L'isle Britanne par vin, sel en solcy,
Hem. mi. deux Phi. long temps ne tiendra Mets.

8.
Index et poulse parfondra le front,
De Senegalia le Comte à son fils propre,
La Myrnamee par plusieurs de prin front,
Trois dans sept iours seront blessez et more.

9.
De Castillon figuieres iour de brune,
De femme infame naistra souuerain prince;

Surnom de chausses perhume luy posthume,
Onc Roy ne fut si pire en sa Prouince.

10.

Tasche de meurdre, enormes adulteres,
Grand ennemy de tout le genre humain,
Que sera pire qu'ayeuls oncles ne peres,
En fer, feu, eau, sanguin et inhumain.

11.

Dessous Ionchere du dangereux passage,
Fera passer le postume sa bande,
Les monts Pirens passer hors son bagage,
De Parpignan courira Duc à Tende.

12.

Esleu en Pape, d'esleu sera mocqué,
Subit soudain esmeu prompt et timide,
Par trop bon doux a mourir prouoqué,
Craincte esteinte la nuict de sa mort guide.

13.

Soubs la pasture d'animaux ruminant,
Par eux conduict au ventre herbipolique,
Soldats cachez, les armes bruit menant,
Non loing temptez de cité Antipolique.

14.

Vrnel Vaucil sans conseil de soy mesmes,
Hardit timide, par craincte prins vaincu :
Accompagné de plusieurs putains blesmes,
A Barcellonne aux Chartreux conuaincu.

CENTVRIE X.

15.
Pere Duc vieux d'ans et de soif chargé,
Au iour extreme fils desniant l'esguiere,
Dedans le puits vif mort viendra plongé,
Senat au fil la mort longue et legere.

16.
Heureux au regne de France, heureux de vie,
Ignorant sang, mort fureur et rapine,
Par non flateurs sera mis en enuie,
Roy desrobé, trop de foye en cuisine.

17.
La Royne Ergaste voyant sa fille blesme,
Par vn regret dans l'estomach enclos,
Cris lamentables seront lors d'Angolesme,
Et au germain mariage forclos.

18.
Le rang Lorrein fera place à Vendosme,
Le haut mis bas, et le bas mis en haut,
Le fils de Hamon sera esleu dans Rome,
Et les deux grands seront mis en defaut.

19.
Iour que sera par Royne saluee,
Le iour apres le salut, la priere,
Le compte fait raison et valuee,
Par auant humble oncques ne fut si fiere.

20.
Tous les amys qu'auront tenu party,
Pour rude en lettres mis mort et saccagé,

CENTVRIE X.

Biens oubliez par fixe grand neanty,
Onc Romain peuple ne fut tant outragé.

21.

Par le despit du Roy, soustenant moindre,
Sera meurdry luy presentant les bagues,
Le pere au fils voulant noblesse poindre,
Faict comme à Perse iadis feirent les Magues.

22.

Pour ne vouloir consentir au diuorce,
Qui puis apres sera cognu indigne,
Le Roy des Isles sera chassé par force,
Mis à son lieu qui de Roy n'aura signe.

23.

Au peuple ingrat faictes les remonstrances,
Par lors l'armee se saisira d'Antibe:
Dans l'arc Monech feront les doleances,
Et à Freius l'vn l'autre prendra ribe.

24.

Le captif prince aux Itales vaincu,
Passera Gennes par mer iusqu'à Marseille,
Par grand effort des foreins suruaincu,
Sauf coup de feu, barril liqueur d'abeille.

25.

Par Nebro ouurir de Brisanne passage,
Bien esloignez el tago fara muestra,
Dans Pelligoux sera commis l'outrage,
De la grand dame assise sur l'orchestra.

26.

Le successeur vengera son beau frere,
Occuper regne soubz ombre de vengeance,
Occis ostacle son sang mort vitupere,
Long temps Bretaigne tiendra auec la France.

27.

Par le cinquiesme et vn grand Hercules,
Viendront le Temple ouurir de main bellique
Vn Clement, Iule et Ascans recules,
L'espee, clef, aigle, n'eurent onc si grand picque.

28.

Second et tiers qui font prime musique,
Sera par Roy en honneur sublimee,
Par grasse et maigre presque demy etique,
Raport de Venus faulx rendra deprimee.

29.

De Pol Mansol dans cauerne caprine,
Caché et prins extrait hors par la barbe,
Captif mené comme beste mastine,
Par Begourdans amenee pres de Tarbe.

30.

Nepueu et sang du saint nouueau venu,
Par le surnom soustient arcs et couuert,
Seront chassez mis à mort chassez nu,
En rouge et noir conuertiront leur vert.

31.

Le sainct Empire viendra en Germanie,
Ismaëlites trouueront lieux ouuerts,

Asnes

CENTVRIE X.

Asnes voudront aussi la Carmanie,
Les soustenans de terre tous ouuerts.

32.

Le grand Empire chacun en deuoit estre,
Vn sur les autres le viendra obtenir,
Mais peu de temps sera son regne et estre,
Deux ans aux naues se pourra soustenir.

33.

La faction cruelle à robbe longue,
Viendra cacher souz les pointus poignards:
Saisir Florence le duc et lieu diphlongue,
Sa descouuerte par immeurs et flanguards.

34.

Gaulois qu'empire par guerre occupera,
Par son beau frere mineur sera trahy,
Par cheual rude voltigeant trainera,
Du faict le frere long temps sera hay.

35.

Puisnay royal flagrand d'ardant libide,
Pour se iouyr de cousine germaine
Habit de femme au temple d'Arthemide,
Allant meurdry par incogneu du Maine.

36.

Apres le Roy du soucq guerres parlant,
L'isles Harmotique le tiendra à mespris :
Quelques ans bons rongeant vn et pillant,
Par tyrannie à l'Isle changeant pris.

Partie II.

37.

L'assemblee grande pres du lac de Borget,
Se rallieront pres de Montmelian :
Marchans plus outre pensifs feront proget,
Chambry Moriane combat Sainct Iulian.

38.

Amour alegre non loing pose le siege,
Au sainct barbar seront les garnisons.
Vrsins Hadrie pour Gaulois feront plaige,
Pour peur rendus de l'armee aux Grisons.

39.

Premier fils vefue malheureux mariage,
Sans nuls enfans deux Isles en discord,
Auant dix huit incompetant aage,
De l'autre pres plus bas sera l'accord.

40.

Le ieune nay au regne Britannique,
Qu'aura le pere mourant recommendé,
Iceluy mort LONOLE donra topique,
Et à son fils le regne demandé.

41.

En la frontiere de Caussade et Charlus,
Non guieres loing du fonds de la vallee,
De ville Franche musique à son de luths,
Enuironnez combouls et grand mitee.

42.

Le regne humain d'Anglique geniture,
Fera son regne paix vnion tenir,

Captiue guerre demy de sa closture,
Long temps la paix leur fera maintenir.

43.

Le trop bon temps trop de bonté royalle,
Fais et deffais prompt subit negligence :
Legiers croira faux despouse loyalle :
Luy mis à mort par sa beneuolence.

44.

Par lors qu'un Roy sera contre les siens,
Natif de Bloye subiuguera Ligures,
Mammel, Cordube et les Dalmatiens,
Des sept puis l'ombre à Roy estrennes et lemures.

45.

L'ombre du regne de Navarre non vray,
Fera la vie de sort illegitime :
La veu promis incertain de Cambray,
Roy, Orleans donra mur legitime.

46.

Vie soit mort de l'or vilaine indigne,
Sera de Saxe non nouueau electeur,
De Brunsuic mandra d'amour signe,
Faux le rendant au peuple seducteur.

47.

De Bourze ville à la Dame Guyrlande,
L'on mettra sus par la trahison faicte
Le grand Prelat de Leon, par Formande,
Faux pellerins et rauisseurs deffaicte.

t 2

48.

Du plus profond de l'Espaigne enseigne,
Sortant du bout et des fins de l'Europe,
Troubles passant auprès du pont de Laigne,
Sera defaicte par bande sa grand troupe.

49.

Iardin du monde auprès de cité neufue,
Dans le chemin des montaignes cauees :
Sera saisi et plongé dans la cuue,
Beuuant par force eaux soulphre enuenimees.

50.

La Meuse au iour terre de Luxembourg,
Descouurira Saturne en trois en lurne.
Montaigne et pleine, ville cité et bourg,
Lorrain deluge, trahison par grand hurne.

51.

Des lieux plus bas du pays de Lorraine,
Seront des basses Allemagnes unis :
Par ceux du siege Picards, Normans, du Maine,
Et aux cantons se seront reünis.

52.

Au lieu où LAYE et Scelde se marient,
Seront les nopces de long temps maniees,
Au lieu d'Anvers où la Crappe charient,
Ieune vieillesse conforte intaminee.

53.

Les trois pelices de loing s'entrebattront,
La plus grand moindre demeurera à l'escoute

Le grand Selin n'en sera plus patron,
Le nommera feu pelte blanche route.

54.

Née en ce monde par concubine furtiue,
A deux hault mise par les tristes nouuelles,
Entre ennemis sera prinse captiue,
Et amenee à Malings et Bruxelles.

55.

Les malheureuses nopces celebreront
En grande ioye ; mais la fin malheureuse,
Mary et mere nore desdaigneront,
Le Phybe mort, et nore plus piteuse.

56.

Prelat royal son baissant trop tiré,
Grand flux de sang sortira par sa bouche,
Le regne anglicque par regne respiré,
L'ong temps mort vif en Tunis comme souche.

57.

Le subleué ne cognoistra son sceptre,
Les enfans ieunes des plus grands honnira,
Oncques ne fut vn plus ord cruel estre,
Pour leurs épouses à mort noir bannira.

58.

Au temps du deuil que le felin Monarque,
Guerroyera le ieune Æmathien :
Gaule bransler, perecliter la barque,
Tenter Phossens au Ponent entretien.

CENTVRIE X.

59.

Dedans Lyon vingt et cinq d'vne halaine,
Cinq citoyens Germains, Bressans, Latins,
Par dessous noble conduiront longue traine,
Et descouuerts par abbois de mastins.

60.

Ie pleure Nisse, Mannego, Pize, Gennes,
Sauonne, Sienne, Capue, Modenne, Malte:
Le dessus sang, et glaiue par estrennes,
Feu, trembler terre, eau, malheureuse nolte.

61.

Betta, Vienne, Emorte, Sacarbance,
Voudront liurer aux Barbares Pannone:
Par picque et feu, enorme violence,
Les coniurez descouuerts par Matrone.

62.

Pres de Sorbin pour assaillir Hongrie,
L'herault de Brudes les viendra aduertir:
Chef Bisantin, Salon de Sclauonie,
A loy d'Arabes les viendra conuertir.

63.

Cydron, Raguse la cité au sainct Hieron,
Reuerdira le medicant secours:
Mort fils de Roy, par mort de deux heron,
L'Arabe, Hongrie feront un mesme cours.

64.

Pleure Milan, pleure Lucques, Florance,
Que ton grand Duc sur le char montera,

Changer le siege pres Venise s'aduance,
Lors que Colonne à Rome changera.

65.

O vaste Rome! ta ruyne s'approche,
Non de tes murs, de ton sang et substance,
L'aspre par lettres fera si horrible coche,
Fer poinctu mis à tous iusques au manche.

66.

Le chef de Londres, par regne l'Americh,
L'Isle d'Escosse t'empiera par gelee :
Roy, Rebauront un si faux Antechrist,
Qui les mettra trestous dans la meslee.

67.

Le tremblement si fort au mois de may,
Saturne, Caper, Iupiter, Mercure au Bœuf.
Venus aussi Cancer, Mars en Nonnay,
Tombera gresle lors plus grosse qu'vn œuf.

68.

L'armee de mer deuant cité tiendra,
Puis partira sans faire longue allee :
Citoyens grande proye en terre prendra,
Retourner classe reprendre grande emblee.

69.

Le faict luisant de neuf vieux esleué,
Seront si grands par midy Aquilon :
De sa sœur propre grandes alles leué.
Fuyant meurdry au buisson d'Ambellon.

70.

L'œil par obiect fera telle excroissance,
Tant et ardent que tombera la neige:
Champ arrousé viendra en decroissance,
Que le primat succombera à Rege.

71.

La terre et l'air geleront si grand eau,
Lors qu'on viendra pour Ieudy venerer,
Ce qui sera iamais ne fut si beau,
Des quatre parts le viendront honorer.

72.

L'an mil neuf cens nonante neuf sept mois,
Du ciel viendra vn grand Roy d'effrayeur,
Resusciter le grand Roy d'Angolmois,
Auant apres Mars regner par bonheur.

73.

Le temps presenr auecques le passé,
Sera iugé par grand Iouialiste,
Le monde tard par luy sera lassé,
Et desloyal par le clergé iuriste.

74.

Au reuolu du grand nombre septiesme,
Apparoistra au temps ieux d'Hecatombe,
Non esloigné du grand aage milliesme,
Que les entrez sortiront de leur tombe.

75.

Tant attendu ne reuiendra iamais,
Dedans l'Europe, en Asie apparoistra,

CENTVRIE X.

Vn de la ligue yssu du grand Hermes,
Et sur tous Roys des Oriens croistra.

76.

Le grand Senat discernera la pompe,
A l'vn qu'apres sera vaincu chassez,
Ses adherans seront à son de trompe,
Biens publiez, ennemis dechassez.

77.

Trente adherans de l'ordre des quirettes,
Bannis, leurs biens donnez ses aduersaires,
Tous leurs bienfaicts seront pour demerites,
Classe espargie deliurez aux Corsaires.

78.

Subite ioye en subite tristesse,
Sera à Rome aux graces embrassees :
Deuil, cris, pleurs, l'arm. sang excellent liesse,
Contraires bandes surprinses et troussees.

79.

Les vieux chemins seront tous embellis,
L'on passera à Memphis somentrees,
Le grand Mercure d'Hercules fleur de lys,
Faisant trembler terre, mer et contrees.

80.

Au regne grand du grand regne regnant,
Par force d'armes les grands portes d'ærain
Fera ouurir, le Roy et Duc ioignant,
Port demoly, nef à fons, iour serain.

CENTVRIE X.

81.
Mis thresort temple, citadins Hesperiques,
Dans iceluy retiré en secret lieu:
Le Temple ouurir les liens fameliques,
Reprens, Rauis, proye horrible au milieu.

82.
Cris, pleurs, larmes viendront auec couteaux,
Semblant fuir, donront dernier assaut:
L'entour parquez planter profonds plateaux,
Vif repousser et meurdris de plein sault.

83.
De batailler ne sera donné siege,
Du parc seront contraints de sortir hors:
De Gand l'entour sera cogneu l'enseigne,
Qui fera mettre de tous les siens à mort.

84.
La naturelle à si hault hault non bas,
Le tard retour fera maris contens,
Le Recloing ne sera sans debats,
En employant et perdant tout son temps.

85.
Le vieil tribun au point de la trehemide
Sera pressee, captif ne deliuree,
Le vueil non vueil, le mal parlant timide,
Par legitime à ses amis liurer.

86.
Comme vn Gryphon viendra le Roy d'Europe,
Accompagné de ceux d'Aquilon,

De rouges et blancs conduira grande troupe,
Et iront contre le Roy de Babylon.

87.

Grand Roy viendra prendre port pres de Nisse,
Le grand empire de la mort si en fera,
Aux Antipolles posera son genisse,
Par mer la pille tout esuanouyra.

88.

Pieds et Cheual à la seconde veille,
Feront entree vastant tout par la mer,
Dedans le poil entrera de Marseille,
Pleurs, crys et sang, onc nul temps si amer.

89.

De brique en marbre seront les murs reduicts,
Sept et cinquante annees pacifiques :
Ioie aux humains renoué l'aqueduicts,
Santé, grands fruicts, ioye et temps mellifiques.

90.

Cent fois mourra le Tyran inhumain,
Mis à son lieu sçauant et debonnaire,
Tout le Senat sera dessous sa main,
Fasché sera par maling temeraire.

91.

Clergé romain, l'an mil six cens et neuf,
Au chef de l'an sera eslection,
D'vn gris et noir de la compagnie yssu,
Qui onc ne fut si maling.

92.

Deuant le pere l'enfant sera tué,
Le pere apres entre corde de ionc,
Geneuois peuple sera esuertué,
Gisant le chef au milieu comme vn tronc.

93.

La barque neufue receura les voyages,
Là et aupres transfereront l'Empire,
Beaucaire, Arles retiendront les hostages,
Pres deux colonnes trouuees de Porphire.

94.

De Nismes, d'Arles, et Vienne contemner,
N'obeir tout à l'Edict Hesperique,
Aux labouriez pour le grand condamner,
Six eschappez en habit seraphique.

95.

Dans les Espagnes viendra roy tres-puissant,
Par mer et terre subiugant le Midy :
Ce mal fera, rabaissant le croissant,
Baisser les aisles à ceux du Vendredy.

96.

Religion du nom des mers vaincra,
Contre la secte fils Adaluncatif,
Secte obstinee deploree craindra,
Des deux blessez par Aleph et Aleph.

97.

Tritemes pleine de tout aage captif,
Temps bon à mal, le doux pour amertume :
                                    Proye

Proye à Barbares trop tost seront hastifs,
Cupide de voir plaindre au vent la plume.

98.

La splendeur claire à pucelle ioyeuse,
Ne luyra plus long temps sera sans sel :
Auec marchands Ruffiens, loups odieuse,
Tous pesle mesle monstre vniuersel.

99.

La fin le loup, le lyon, beuf et l'asne,
Timide dama seront auec mastins :
Plus ne cherra à eux la douce manne,
Plus vigilance et custode aux mastins.

100.

Le grand Empire sera par Angleterre,
Le Penpotam des ans plus de trois cens :
Grandes copies passer par mer et terre,
Les Lusitains n'en seront pas contens.

Adiousté depuis l'impression de 1568.

Quand le fourcheu sera sousteru de deux paux,
Auec si demy cors, et six sizeaux ouuerts,
Le tres-puissant Seigneur, heritier des crapaux,
Alors subiuguera, sous soy tout l'vniuers.

Partie II.

PRÉDICTIONS ADMIRABLES

Pour les Ans courans en ce siecle, commençant en l'annee 1600;

Recueillis des Memoires de feu Maistre Michel Nostradamvs, viuant Medecin du Roy Charles IX, et l'vn des plus excellens Astronomes qui furent iamais!; presentees au tres-grand inuincible et tres-clement prince Henry IV, viuant Roy de France et de Nauarre, par Vincent Seue de Beaucaire en Languedoc, des le 19 mars 1605, au chasteau de Chantilly, maison de Monseigneur le Connestable.

SIRE,

Ayant (il y a quelques annees) recouuert certaines Propheties ou Pronostications faictes par feu Michel Nostradamvs, des mains d'vn nommé Henry Nostradamvs, neueu dudict Michel, qu'il me donna auant mourir, et par moy tenues en secret iusques à present, et veu qu'elles traictoient des affaires de vostre Estat, et particulierement de vostre personne, et de vos successeurs, recogneu que i'ai la verité de plusieurs sixains aduenus, de point en point comme vous pourrez veoir, SIRE, si vostre Maiesté y ouure tant soit peu ses yeux,

et y trouueront des choses dignes d'admiration,
j'ai pris la hardiesse (moi indigne) vous les presenter transcricts en ce petit Liuret, non moins
digne et admirable que les autres deux Liures qu'il
fit, dont le dernier finit en l'an mil cinq cens
nonante sept, traictant de ce qui aduiendra en ce
siecle, non si obscurement comme il auoit fait
les premieres. Mais par Ænigmes, et les choses si
specifiees et claires, qu'on peut seurement iuger
de quelque chose estant aduenue, desireux que
vostre Maiesté en eust la cognoissance premier
que nul autre, m'acquittant par ce moyen de mon
deuoir, comme l'vn de vos tres-obeyssant et fidelle
subiect, qu'il vous plaira aggreer, SIRE, consi-
deré que ce m'estoit le plus grand bien qui me
sçauroit iamais arriuer, esperant auec l'ayde du
tout Puissant me resentir de vostre debonnaire clemence, comme vostre bonté a accoutumé faire,
obligeant par tel moyen, non le corps d'vn vostre
fidelle subiect ia destiné à vostre service, SIRE,
mais bien l'ame qui continuera de prier pour la
santé et prosperité de vostre digne Maiesté, et
des dependans d'icelle comme celuy qui vous est,
et sera à iamais,

SIRE,

Vostre tres-humble, tres-obeyssant et fidelle
seruiteur et subiect, de vostre ville de
Beaucaire en Languedoc, SEVE.

AUTRES PROPHETIES

DE NOSTRADAMVS,

Pour les Ans courans en ce siecle, commençant en l'Annee 1600.

CENTVRIE XI.

Siecle nouueau, alliance nouuelle,
Vn Marquisat mis dedans la nacelle,
A qui plus fort des deux l'emportera :
D'vn Duc, d'un Roy, gallere de Florence,
Port à Marseille, Pucelle dans la France,
De Catherine fort chef on rasera.

2.

Que d'or d'argent fera despendre,
Quand Comte voudra ville prendre,
Tant de mille et mille soldats,
Tuez, noyez, sans y rien faire,
Dans plus forte mettra pied terre,
Pigmee aidee des Censuarts.

3.

La ville sans dessus dessous,
Renuersee de mille coups

De canons ; et forts dessous terre
Cinq ans tiendra : le tout remis,
Et laschee à ses ennemis,
L'eau leur fera apres la guerre.

4.

D'vn rond d'vn lys, naistra un si grand Prince,
Bien tost et tard venu dans sa Prouince,
Saturne en Libra en exaltation,
Maison de Venus en decroissante force,
Dame en apres masculin soubs l'escorse,
Pour maintenir l'heureux sang de Bourbon.

5.

Celuy qui la principauté
Tiendra par grande cruauté,
A la fin verra grand phalange :
Par coup de feu tres dangereux
Par accord pourroit faire mieux,
Autrement boira suc d'orange.

6.

Quand de Robin la traistreuse entreprise,
Mettra Seigneurs et en peine vn grand Prince,
Sceu par la Fin, chef on luy trenchera :
La plume au vent, amie dans Espagne,
Poste attrappé estant en la campagne,
Et l'escriuain dans l'eauë se iettera.

7.

La sansue au loup se ioindra,
Lors qu'en mer le bled defaudra,

Mais le grand Prince sans enuie,
Par ambassade luy donra,
De son bled, pour luy donner vie,
Pour vn besoin s'en pouruoira.

8.

Vn peu deuant l'ouuert commerce
Ambassadeur viendra de Perse,
Nouuelle au franc pays porter :
Mais non receu vaine espérance,
A son grand Dieu sera l'offense,
Feignant de le vouloir quitter.

9.

Deux estendars du costé de l'Auuergne,
Senestre pris, pour vn temps prison regne.
Et vne Dame enfans voudra mener :
Au Censuart, mais descouuert l'affaire
Danger de mort murmure sur la terre,
Germain, Bastille frere et sœur prisonnier.

10.

Ambassadeur pour vne Dame,
A son vaisseau mettra la rame,
Pour prier le grand medecin :
Que de l'oster de telle peine,
Mais en ce s'opposera Royne
Grand peine auant qu'en veoir la fin.

11.

Durant ce siecle on verra deux ruisseaux
Tout vn terroir inonder de leurs eaux,

Et submerger par ruisseaux et fontaines,
Coups et Moufrin Beccoyran et Alez
Par le gardon bien souuent trauaillez,
Six cens et quatre alez, et trente moines.

12.

Six cens et cinq tres-grand'nouuelle,
De deux Seigneurs la grand'querelle,
Proche de Geuaudan sera,
A vne Eglise apres l'offrande
Meurtre commis, prestre demande
Tremblant de peur se sauuera.

13.

L'auanturier six cens et six ou neuf,
Sera surpris par fiel mis dans vn œuf,
Et peu apres sera hors de puissance
Par le puissant Empereur general,
Qu'au monde n'est vn pareil ny esgal,
Dont vn chacun luy rend obeyssance.

14.

Au grand siege encor grands forfaits,
Recommençant plus que iamais,
Six cens et cinq sur la verdure,
La prise et reprise sera,
Soldats és champs iusqu'en froidure,
Puis apres recommencera.

15.

Nouueau esleu patron du grand vaisseau,
Verra long temps briller le cler flambeau

Qui sert de lampe à ce grand territoire,
Et auquel temps armes sous son nom,
Ioinctes à celles de l'heureux de Bourbon,
Leuant, Ponant, et Couchant sa memoire.

16.

En Octobre six cens et cinq,
Pouruoyeur du monstre marin,
Prendra du souuerain le cresme,
Ou en six cens et six, en Iuing,
Grand' ioye aux grands et au commun,
Grands faicts apres ce grand baptesme.

17.

Au mesme temps vn grand endurera,
Ioyeux mal sain, l'an complet ne verra,
Et quelques vns qui seront de la feste,
Feste pour vn seulement, à ce iour,
Mais peu apres sans faire long seiour,
Deux se donront, l'vn l'autre de la teste.

18.

Considerant la triste Philomelle,
Qu'en pleurs et cris sa peine renouuelle,
Racourcissant par tel moyen ses iours,
Six cens et cinq, elle en verra l'issue,
De son tourment, ia la toille tissue,
Par son moyen senestre aura secours.

19.

Six cens et cinq, six cens et six et sept,
Nous monstrera iusques l'an dix-sept,

CENTVRIE XI.

Du boutefeu l'ire, hayne et enuie,
Soubz l'Oliuier d'assez long temps caché:
Le Crocodil sur la terre a caché;
Ce qui estoit mort, sera pour lors en vie.

20.

Celuy qui a par plusieurs fois,
Tenu la cage et puis les bois,
R'entre à son premier estre,
Vie sauue peu apres sortir,
Ne se sçachant encor cognoistre,
Cherchera subiet pour mourir.

21.

L'autheur des maux commencera regner,
En l'an six cens et sept sans epargner,
Tous les subiects qui sont à la sangsue,
Et puis apres s'en viendra peu à peu,
Au franc pays r'allumera son feu,
S'en retournant d'où elle est yssue.

22.

Cil qui dira, descouurissant l'affaire,
Comme du mort, la mort pourra bien faire,
Coups de poignard par vn qu'auront induit
Sa fin sera pis qu'il n'aura fait faire,
La fin conduit les hommes sur la terre,
Gueté par tout, tant le iour que la nuit.

23.

Quand la grand nef, la proüe et gouuernal,
Du franc pays et son esprit vital,

D'escueils et flots par la mer secoüee,
Six cens et sept, et dix cœur assiegé,
Et des reflus de son corps affligé,
Sa vie estant sur ce mal renoüee.

24.

Le Mercurial non de trop longue vie,
Six cens et huit et vingt grand maladie,
Et encor pis danger de feu et d'eau,
Son grand amy lors luy sera contraire,
De tels hazards se pourroit bien distraire,
Mais bref le fer luy fera son tombeau.

25.

Six cens et six, six cens et neuf,
Vn Chancelier gros comme vn bœuf,
Vieux comme le Phœnix du monde,
En ce terroir plus ne luyra,
De la nef d'oubly passera,
Aux champs Elisiens faire ronde.

26.

Deux freres sont de l'ordre ecclesiastique,
Dont l'vn prendra pour la France la picque
Encor vn coup, si l'an six cens et six,
N'est affligé d'vne grand'maladie,
Les armes en main iusques six cens et dix,
Guieres plus loing ne s'estendant sa vie.

27.

Celeste feu du costé d'Occident,
Et du midy, courir iusques au leuant,

CENTVRIE XI.   243

Vers demy morts sans point trouuer racine,
Troisiesme aage à Mars le Belliqueux,
Des Escarboucles on verra bruller feux,
Aage Escarboucle, et à la fin famine.

28.

L'an mil six cens et neuf ou quatorziesme,
Le vieux Charon fera Pasques en Caresme,
Six cens et six, par escrit le mettra,
Le Medecin, de tout cecy s'estonne,
A mesme temps assigné en personne,
Mais pour certain l'vn deux comparoistra.

29.

Le Griffon se peut apprester,
Pour à l'ennemy resister,
Et renforcer bien son armee :
Autrement l'Elephant viendra,
Qui d'vn abord le surprendra,
Six cens et huict, mer enflammee.

30.

Dans peu de temps Medecin, du grand mal,
Et la sangsuë d'ordre et rang inegal,
Mettront le feu à la branche d'Oliue,
Poste courir, d'vn et d'autre costé,
Et par tel feu leur Empire accosté,
Se r'allumant du franc finy saliue.

31.

Celuy qui a les hazards surmonté,
Qui fer, feu, eauë, n'a iamais redouté,

Et du pays bien proche du Basacle,
D'vn coup de fer tout le monde estonné,
Par Crocodil estrangement donné,
Peuple rauy de veoir vn tel spectacle.

32.

Vin à foison, tres-bon pour les gendarmes
Pleurs et soupirs, plaintes, cris et alarmes,
Le Ciel fera ses tonneres pleuuoir
Feu, eau et sang, le tout meslé ensemble,
Le Ciel de Sol, en fremit et en tremble,
Viuant n'a veu ce qu'il pourra bien veoir.

33.

Bien peu apres sera tres grand misere,
Du peu de bled, qui sera sus la terre,
Du Dauphiné, Prouence et Viuarois,
Au Viuarois est vn pauure presage,
Pere du fils, sera antropophage,
Et mangeront racine et gland du bois.

34.

Princes et Seigneurs tous se feront la guerre,
Cousin germain, le frere auec le frere,
Finy l'Arby de l'heureux de Bourbon,
De Hierusalem les princes tant aymables,
Du fait commis enorme et execrable,
Se ressentiront sur la bourse sans fonds.

35.

Dame par mort grandement attristee,
Mere ettutrice au sang qui l'a quittee,

Dame

CENTVRIE XI.

Dame et Seigneurs, faits enfans orphelins,
Par les aspics et par les Crocodilles,
Seront surpris forts, bourgs, chasteaux et villes:
Dieu tout puissant les garde des malins.

36.

La grand rumeur qui sera par la France,
Les impuissants voudront auoir puissance,
Langue emmiellee et vrays Cameleons,
De boute-feu, allumeurs de chandelles,
Pyes et geys, rapporteurs de nouuelles
Dont la morsure semblera Scorpions.

37.

Foible et puissant seront en grand discord,
Plusieurs mourront avant faire l'accord
Foible au puissant vainqueur se fera dire,
Le plus puissant au ieune cedera,
Et le plus vieux des deux decedera,
Lorsque l'vn deux enuahi a l'Empire.

38.

Par eauë, par fer, et par grande maladie,
Le pouruoyeur de l'hazard de sa vie
Sçaura combien vaut le quintal du bois,
Six cens et quinze, ou le dix neufiesme,
On grauera d'vn grand Prince cinquiesme
L'immortel nom, sur le pied de la Croix.

39.

Le pouruoyeur du monstre sans pareil,
Se fera voir ainsi que le Soleil,

Partie II.

Montant le long la ligne Meridienne,
En poursuiuant l'Elephant et le loup,
Nul Empereur ne fit iamais tel coup,
Et rien plus pis à ce Prince n'aduienne.

40.

Ce qu'en viuant le pere n'auoit sceu,
Il acquerra ou par guerre, ou par feu,
Et combattra la sangsue irritee,
On iouyra de son bien paternel,
Et fauory du grand Dieu eternel,
Aura bientost sa Prouince heritee.

41.

Vaisseaux, galleres auec leur estendar,
S'ent ebattront pres du mont Gibraltar,
Et lors sera forsfait à Pampelonne,
Qui pour son bien souffrira mille maux,
Par plusieurs fois soustiendra les assaux,
Mais à la fin vnie à la Couronne.

42.

La grand'Cité ou est le premier homme,
Bien amplement la ville ie vous nomme,
Tout en alarme, et le soldat és champs,
Par fer et eaue, grandement affligee,
Et à la fin, des François soulagee,
Mais ce sera des six cens et dix ans.

43.

Le petit coing, Prouinces mutinees,
Par forts chasteaux se verront dominees,

CENTVRIE XI.

Encore vn coup par la gent militaire,
Dans bref seront fortement assiegez,
Mais ils seront d'vn tres grand soulagez,
Qui aura faict entree dans Beaucaire.

44.

La belle roze en la France admiree,
D'vn tres-grand Prince a la fin desiree.
Six cens et dix, lors naistront ses amours
Cinq ans apres, sera d'vn grand blessee
Du trait d'Amour, elle sera enlassee,
Si à quinze ans du Ciel reçoit secours.

45.

De coup de fer tout le monde estonné,
Par Crocodil estrangement donné,
A vn bien grand, parent de la sangsuë,
Et peu apres sera vn autre coup
De guet à pend, commis contre le loup:
Et de tels faits on en verra l'issuë.

46.

Le pouruoyeur mettra tout en desroute,
Sangsuë et loup, en mon dire n'escoute
Quand Mars sera au signe du Mouton
Ioint à Saturne, et Saturne à la Lune,
Alors sera ta plus grande infortune,
Le Soleil lors en exaltation.

47.

Le grand d'Hongrie, ira dans la nacelle,
Le nouueau né, fera guerre nouuelle

A son voisin qu'il tiendra assiegé,
Et le noireau auecques son altesse,
Ne souffrira, que par trop on le presse,
Durant trois ans ses gens tiendra rangé.

48.

Du vieux Charon on verra le Phenix,
Estre premier et dernier de ses fils,
Reluyre en France, et d'vn chacun aymable,
Reguer long temps, auec tous les honneurs,
Qu'auront iamais eu ses predecesseurs,
Dont il rendra sa gloire memorable.

49.

Venus et Sol, Iupiter et Mercure,
Augmenteront le genre de nature,
Grande alliance en France se fera,
Et du midy la sangsue de mesme,
Le feu esteint par ce remede extreme,
En terre ferme Oliuier plantera.

50.

Vn peu deuant ou apres l'Angleterre,
Par mort de loup, mise aussi bas que terre,
Verra le feu resister contre l'eau,
Se rallumant auecques telle force,
Du sang humain, dessus l'humaine escorce,
Faicte de pain, bondance de cousteau.

51.

La ville qu'auoit en ses ans,
Combattu l'iniure du temps,

Qui de son vainqueur tient la vie,
Celuy qui premier l'a surprist,
Que peu apres François reprist,
Par combats encor affoiblie.

52.

La grand Cité qui n'a pain à demy,
Encor un coup la sainct Barthelemy,
Engrauera au profond de son ame,
Nismes, Rochelle, Geneue et Montpellier,
Castre, Lyon, Mars entrant au Bellier,
S'entrebattront le tout pour vne Dame.

53.

Plusieurs mourront auant que Phenix meure
Iusques six cens septante est sa demeure,
Passé quinze ans, vingt et vn trente neuf,
Le premier est subiect à maladie,
Et le second au fer, danger de vie,
Au feu, à l'eau, est subiect trente neuf.

54.

Six cens et quinze, vingt, grand Dame mourra
Et peu apres vn fort long-temps plouura,
Plusieurs pays, Flandres et l'Angleterre,
Seront par feu et par fer affligez,
De leurs voisins longuement assiegez,
Contraincts seront de leur faire la guerre.

55.

Vn peu deuant ou apres tres grand'Dame,
Son ame au Ciel, et son Corps soubs la lame,

De plusieurs gens regrettee sera :
Tous ces parens seront en grand tristesse,
Pleurs et soupirs d'vne Dame en ieunesse,
Et à deux grands, le deuil delaissera.

56.

Tost l'Elephant de toutes pars verra,
Quand prouoyeur au Griffon se ioindra,
Sa ruyne proche, et Mars qui tousiours gronde
Fera grands faits aupres de terre saincte,
Grands estendarts sur la terre et sur l'onde.
Si la nef a esté de deux freres enceinte.

57.

Peu apres l'alliance faicte,
Auant solemniser la feste,
L'Empereur le tout troublera,
Et la nouuelle mariee,
Au franc pays par sort liee,
Dans peu de temps apres mourra.

58.

Sangsue en peu de temps mourra,
Sa mort bon signe nous donra,
Pour l'accroissement de la France,
Alliances se troueront,
Deux grands Royaumes se ioindront,
François aura sur eux puissance.

59.

MEYSNIER, Manthy, et le tiers qui viendra,
Peste et nouueau insult, enclos troubler

CENTVRIE XI.

Aix et les lieux fureur dedans mordra,
Puis les Phociens viendront leur mal doubler.

60.

Par Ville-Franche, Mascon en desarroy,
Dans les fagots seront soldats cachez,
Changer de temps en prime pour le Roy,
Par de Chalons et Moulins tous hachez.

PROPHETIES
DE NOSTRADAMVS.
CENTURIE XII.

4. Fev, flamme, faim, furt farouche, fumee,
Fera faillir, froissant fort foy faucher.
Fils de Denté : toute Prouence humee,
Chassee de regne, enragé sang cracher.

24. Le grand secours venu de la Guienne,
S'arrestera tout aupres de Poictiers,
Lyon rendu par Mont Luel et Vienne,
Et saccagez par tout gens de metiers.

36. Assaut farouche en Cypre se prepare,
La larme à l'œil de ta ruine proche :
Bysance classe, Morisque si grand tare,
Deux differents, le grand vast par la roche.

52. Deux corps, vn chef, champs diuisez en deux
Et puis respondre à quatre non ouys.
Petits pour grands, à Pertuis mal pour eux.
Tour d'Aigues foudre, pire pour Eussouis.

CENTVRIE XII.

55. Tristes conseils, desloyaux, cauteleux,
Aduis meschans, la loy sera trahie,
Le peuple esmeu, farouche, querelleux,
Tant bourg que ville, toute la paix haye.

56. Roy contre Roy et le Duc contre Prince,
Haine entre iceux, dissention horrible.
Rage et fureur sera toute prouinc :
France grand guerre et changement terrible.

59. L'accord et pache sera du tout rompue,
Les amitiez polues par discordes,
L'haine en vieille, toute foy corrompue,
Et l'esperance Marseille sans concorde.

62. Guerre, debats, à Blois guerre tumulte,
Diuers aguets, adueux inopinables,
Entrer dedans Chasteau-Trompette, insulte,
Chasteau du Ha, qui en seront coulpables.

65. A tenir fort par fureur contraindra,
Tout cœur trembler, langon aduent terrible,
Le coup de pied mille pieds se rendra.
Gyrond. Garond. ne furent plus horribles.

69. Eiouas proche, eslongner Lac Leman,
Fort grands appresls, retour, confusion,
Loin des nepueux, du feu grand Supelman.
Tous de leur suite.

71. Fleuues riuieres de mal seront obstacles,
La vieille flamme d'ire non appaisee,
Courir en France, cecy comme d'oracles,
Maisons, manoirs, palais, Secte rasee.

Fin de la seconde et derniere Partie.

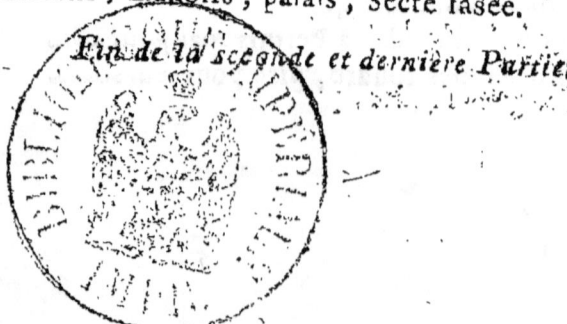

www.ingramcontent.com/pod-product-compliance
Lightning Source LLC
Chambersburg PA
CBHW070646170426
43200CB00010B/2142